江南歷史名人年譜叢刊（第一輯）

姚名達 著

邵念魯 年譜

復旦大學出版社

本書由上海文化發展基金會圖書出版專項基金資助出版

出 版 説 明

　　唐宋以來，江南一直是中國的經濟中心和文化中心，名人輩出。了解江南歷史人物的生平、學術與思想，年譜是必不可少的工具書。爲此，我社將陸續推出"江南歷史名人年譜叢刊"，第一輯共收録江南地區清代歷史名人年譜十二種。諸譜以時間爲坐標、史實爲切面，以編年的形式，真實而全面地叙述了譜主一生的行跡，保存了江南地區名人珍貴的歷史文化遺産和思想學術資源，對譜牒學和江南區域文化的研究，具有重要的意義和價值。

　　由於各譜主生活時代不同，著作旨趣有異，因而各譜作者撰述方式亦各有側重。爲體現年譜的學術性，各譜自爲凡例，自成體系，不强求體例統一。各譜作者長期致力於該人物的研究，有着較深厚的學術功底。此次集中將江南地區歷史名人研究的新成果展示出來，以期繼承和弘揚江南地區傳統文化乃至中國傳統文化。

復旦大學出版社
2020 年 11 月

再 版 説 明

《邵念魯年譜》是中國近代史學家姚名達爲清初名儒邵廷采所撰年譜，原收入《民國叢書》第四編第 86 册，上海書店出版。此次作爲《江南歷史名人年譜叢刊》(以下簡稱《叢刊》)之一種再版，以《民國叢書》本爲底稿，交排版公司録入，改正了排版錯誤、引文錯誤及個别繫年錯誤，具體説明如下：

一、原書繁體豎排，此次按《叢刊》體例，改爲繁體横排。

二、目録在原書基礎上，按《叢刊》體例，列每年詳目。

三、底本"序例"原定"低一格""低二格""低三格""低四格"書寫例，悉依《叢刊》體例排版。

四、正文各年亦以《叢刊》體例排版，不標黑體，但"考異""商榷"四字以黑體標出。

五、原書雖有標點，但因用專名號等原因，導致標點錯、漏較多。今悉依浙江古籍出版社兩種《思復堂文集》校點本爲準，兩本有明顯錯誤的，依文意重新標點。

六、原書文後有作者小注及所標出處等説明考訂文字，分别用圓括號表示，今改爲前用六角符號，後用圓括號，以示區别。

七、原書中"(？)"，表示作者尚有疑問，此次仍予保留。

八、譜中引用《思復堂文集》原文，有數處錯訛、脱漏，均依浙江古籍出版社校點本《思復堂文集》增補删改，以"編輯注"的形式出校説明。

九、譜中繫年有明顯錯誤的條目，依相關文獻訂正之，亦以"編輯注"的形式出校説明。

十、譜中引用《思復堂文集》等文獻的篇名時，時有簡寫，兹依其舊，不作校勘。

十一、"並""并""併"等字，悉依原書。

目　　錄

序例 …………………………………………………………… 1

譜前 …………………………………………………………… 1
　　邵學淵源圖 ………………………………………………… 1
　　姚江書院宗派表 …………………………………………… 2
　　邵氏世系表 ………………………………………………… 3
　　譜主之祖先 ………………………………………………… 4
　　譜主生前有關係之事 ……………………………………… 5

年譜 …………………………………………………………… 6
　　順治六年　己丑(一六四九)　先生二歲 ………………… 7
　　順治七年　庚寅(一六五〇)　先生三歲 ………………… 7
　　順治八年　辛卯(一六五一)　先生四歲 ………………… 8
　　順治九年　壬辰(一六五二)　先生五歲 ………………… 8
　　順治十年　癸巳(一六五三)　先生六歲 ………………… 9
　　順治十一年　甲午(一六五四)　先生七歲 ……………… 9
　　順治十二年　乙未(一六五五)　先生八歲 ……………… 9
　　順治十三年　丙申(一六五六)　先生九歲 ……………… 10
　　順治十四年　丁酉(一六五七)　先生十歲 ……………… 12
　　順治十五年　戊戌(一六五八)　先生十一歲 …………… 12
　　順治十六年　己亥(一六五九)　先生十二歲 …………… 13

順治十七年	庚子(一六六〇)	先生十三歲	14
順治十八年	辛丑(一六六一)	先生十四歲	15
康熙元年	壬寅(一六六二)	先生十五歲	15
康熙二年	癸卯(一六六三)	先生十六歲	15
康熙三年	甲辰(一六六四)	先生十七歲	16
康熙四年	乙巳(一六六五)	先生十八歲	17
康熙五年	丙午(一六六六)	先生十九歲	17
康熙六年	丁未(一六六七)	先生二十歲	19
康熙七年	戊申(一六六八)	先生二十一歲	19
康熙八年	己酉(一六六九)	先生二十二歲	20
康熙九年	庚戌(一六七〇)	先生二十三歲	20
康熙十年	辛亥(一六七一)	先生二十四歲	21
康熙十一年	壬子(一六七二)	先生二十五歲	23
康熙十二年	癸丑(一六七三)	先生二十六歲	23
康熙十三年	甲寅(一六七四)	先生二十七歲	24
康熙十四年	乙卯(一六七五)	先生二十八歲	26
康熙十五年	丙辰(一六七六)	先生二十九歲	26
康熙十六年	丁巳(一六七七)	先生三十歲	26
康熙十七年	戊午(一六七八)	先生三十一歲	26
康熙十八年	己未(一六七九)	先生三十二歲	27
康熙十九年	庚申(一六七〇)	先生三十三歲	27
康熙二十年	辛酉(一六八一)	先生三十四歲	27
康熙二十一年	壬戌(一六八二)	先生三十五歲	27
康熙二十二年	癸亥(一六八三)	先生三十六歲	28
康熙二十三年	甲子(一六八四)	先生三十七歲	29
康熙二十四年	乙丑(一六八五)	先生三十八歲	30
康熙二十五年	丙寅(一六八六)	先生三十九歲	30
康熙二十六年	丁卯(一六八七)	先生四十歲	32

康熙二十七年　　戊辰(一六八八)　　先生四十一歲 …………… 32

康熙二十八年　　己巳(一六八九)　　先生四十二歲 …………… 32

康熙二十九年　　庚午(一六九〇)　　先生四十三歲 …………… 33

康熙三十年　　辛未(一六九一)　　先生四十四歲 …………… 34

康熙三十一年　　壬申(一六九二)　　先生四十五歲 …………… 39

康熙三十二年　　癸酉(一六九三)　　先生四十六歲 …………… 39

康熙三十三年　　甲戌(一六九四)　　先生四十七歲 …………… 41

康熙三十四年　　乙亥(一六九五)　　先生四十八歲 …………… 47

康熙三十五年　　丙子(一六九六)　　先生四十九歲 …………… 50

康熙三十六年　　丁丑(一六九七)　　先生五十歲 …………… 54

康熙三十七年　　戊寅(一六九八)　　先生五十一歲 …………… 58

康熙三十八年　　己卯(一六九九)　　先生五十二歲 …………… 58

康熙三十九年　　庚辰(一七〇〇)　　先生五十三歲 …………… 60

康熙四十年　　辛巳(一七〇一)　　先生五十四歲 …………… 62

康熙四十一年　　壬午(一七〇二)　　先生五十五歲 …………… 62

康熙四十二年　　癸未(一七〇三)　　先生五十六歲 …………… 63

康熙四十三年　　甲申(一七〇四)　　先生五十七歲 …………… 65

康熙四十四年　　乙酉(一七〇五)　　先生五十八歲 …………… 66

康熙四十五年　　丙戌(一七〇六)　　先生五十九歲 …………… 70

康熙四十六年　　丁亥(一七〇七)　　先生六十歲 …………… 71

康熙四十七年　　戊子(一七〇八)　　先生六十一歲 …………… 76

康熙四十八年　　己丑(一七〇九)　　先生六十二歲 …………… 76

康熙四十九年　　庚寅(一七一〇)　　先生六十三歲 …………… 77

康熙五十年　　辛卯(一七一一)　　先生六十四歲 …………… 80

譜後 ………………………………………………………… 83

譜主事蹟之無年可繫者 ……………………………………… 83

譜主之兒孫及其著作 ………………………………………… 84

譜主死後有關係之事 ·················· 85
　　　康熙五十一年　壬辰(一七一二)　先生卒後一年 ········ 85
　　　康熙五十二年　癸巳(一七一三)　先生卒後二年 ········ 86
　　　康熙五十四年　乙未(一七一五)　先生卒後四年 ········ 87
　　　康熙五十六年　丁酉(一七一七)　先生卒後六年 ········ 89
　　　乾隆三年　戊午(一七三八)　先生卒後二十七年 ········ 89
　　　乾隆二十年　乙亥(一七五五)　先生卒後四十四年 ······ 89
　　　乾隆三十年　乙酉(一七六五)　先生卒後五十四年 ······ 90
　　　乾隆三十二年　丁亥(一七六七)　先生卒後五十六年 ···· 90
　　　乾隆三十六年　辛卯(一七七一)　先生卒後六十年 ······ 90
　　　乾隆三十八年　癸巳(一七七三)　先生卒後六十二年 ···· 90
　　　乾隆六十年　乙卯(一七九五)　先生卒後八十四年 ······ 91
　　　嘉慶元年　丙辰(一七九六)　先生卒後八十五年 ········ 91
　　　嘉慶六年　辛酉(一八〇一)　先生卒後九十年 ·········· 92
　　　道光二十五年　丙子(一八一六)　先生卒後一百〇九年 ·· 92
　　　同治四年　乙丑(一八六五)　先生卒後一百五十四年 ···· 92
　　　光緒十年　甲申(一八八四)　先生卒後一百七十三年 ···· 93
　　　光緒十八年　壬辰(一八九二)　先生卒後一百八十一年 ·· 94

附錄

　　邵念魯與章實齋 ························· 95

序　例

　　讀《章氏遺書》且半載,思以研究所得,撰爲《章實齋之史學》一書。自信性情相近,功力易施,日夜尋繹,指顧成就。不謂資質鈍愚,光陰迅速,雖有一二新解,無由融貫爲篇。乃知讀古人書,心知其意,亦復不易。而淵源所自,不爲蒐討,尤非治學者之所宜。以章實齋之卓犖千古,其先爲之基與夫後爲之輔所以成其造詣者,是其人必自有其不朽之質在,爲吾人所不可不與知也。實齋史家,於其所以成學,得力所在,自知甚明。故其示子書有曰:"子女之生,必肖父母;雖甚不似,而必至肖者存,此至理也。學問文章,亦有然者。吾於古文辭,全不似爾祖父。然祖父生平極重邵思復文,吾實景仰邵氏而愧未能及者也。蓋馬、班之史,韓、歐之文,程、朱之理,陸、王之學,萃合以成一子之書,自有宋歐、曾以還,未有若是之立言者也。而其名不出於鄉黨。祖父獨深愛之。吾由是定所趨向。其討論修飾,得之於朱先生,則後起之功也。而根柢則出於邵氏。亦庭訓也。"其所謂"邵思復文",蓋清初邵念魯著《思復堂文集》;其所謂"朱先生",蓋同時人朱笥河。一則爲實齋根柢所自出,一則爲實齋討論修飾所從得,吾人治實齋之學者,宜知所從事矣。

　　學而至於有成,非易事也。迨其已成,以漠不相干之人。從千百年後,欲知其所以成學之故,其事之非易,較成學不甚軒輊焉。史家之得成爲專門學者,其機蓋胎於此。推之,凡百事物,莫不欲知其所以發展至此之故,斯非史學無以善其事矣。章實齋之所以成學,吾已略知端倪。更溯其源,則邵念魯之所以成邵念魯,吾烏可以不知?吾欲知之,吾烏從知之?有個性焉,有境遇焉,有家學焉,有師傳焉……紛然雜出,吾將何以真知之?《年譜》之作,非得已也,應種種需求而爲之也。

　　時間之敍次,史亦第一要義也。而於《年譜》尤爲密切。故當時正朔,天干地支，西曆紀元，譜主年歲，以次敍述於每年之第一行。

次行低一格，敍述譜主之性情、志願、行爲、思想、著作、境遇、家教、師傳、友箴……等等，分條別載，不必混淆，亦不限長短。其事蹟之紀載，有各書互異者，有同一書而各篇互異者，有同一人而自相出入者。徵信之標準，大抵取譜主之自述，而棄他人之代言；取當日之書篇，而棄後人之紀錄；取譜主少年之作品，而棄其晚年之追記。

時輩事蹟，國家理亂，直接間接，有關譜主者，擇要敍述，次於譜主事蹟之後，另行標寫，亦低一格。時輩之生没，亦擇要敍述，並概其生平於其没年之下，但必低二格。

徵引譜主言論著作，悉存原文，並標篇目，刪繁錄要，低三格寫。

事蹟每取裁多種書篇，陶鎔變化，非盡一端，雖仍標明出處。但非悉抄原文，讀者切勿誤會。其去取之徵，有非詮釋不可者，則別作《考異》，附繫該項事蹟之後，低四格寫，冠以"考異"二字。

事蹟之無可繫屬者，或繫之於近似之年，或以類附，皆以疑詞述之。其最無可屬者，則存之於《譜》後。又有事之真實與否，尚未可知者，亦用疑詞。並附錄《商榷》於其後，如《考異》例。

先作《譜前》，敍述譜主未生以前而又有關之事。並及其學術之淵源宗派，先世之名字生平焉。末作《譜後》，敍述譜主已死以後而又有關之事。而譜主之兒孫及著作亦著錄焉。所以窮源治流，其法莫善於此。視昔人年譜以譜主生前死後之事入諸譜内，有乖體例者，似有進矣。

凡茲創例，悉以義起，求適如其事而已。計自念魯之没，距茲二百一十五年，相隔日久。書闕有間。茲譜之不能概念魯生平於無遺，勢也。然即此五萬餘言，倘盡係念魯之真，而無一言之或誣或濫，則區區乾惕之心，亦庶幾稍得安慰矣夫。

民國十五年二月十二日，在清華研究院作。

譜　前

邵學淵源圖

以人名之高下定輩行之先後，左、右分學派之左傾、右傾。以橫線示同時講學，以垂線及斜線示直接傳授，以虛線示間接傳授。（據《思復堂文集》及王守仁學派諸家著述）

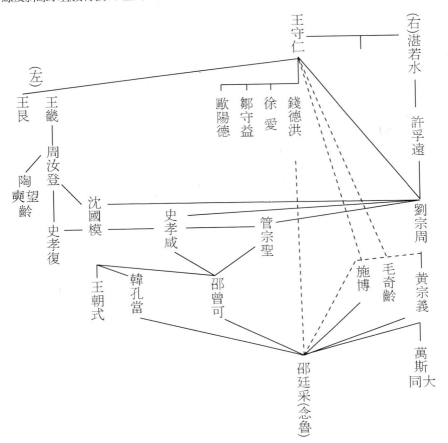

姚江書院宗派表
（縱橫經緯，俱有關係）

地址	浙江紹興城內	浙江紹興府餘姚縣半霖村		餘姚城內					
名稱	證人社	義學（通稱姚江書院）	清順治癸巳至丙申	姚江書院					
年代	明代天啓、崇禎之際	明崇禎己卯至丙戌		順治丁酉至己亥	康熙己酉至辛亥	康熙壬子至壬戌	康熙壬戌至癸酉	康熙癸酉	康熙甲戌至辛卯
主講者	劉宗周	沈國模		史孝咸	韓孔當	俞長民	史標	徐景范	邵廷采
主講者講學之宗旨	誠意 慎獨	以求仁當下直證良知爲宗		以名教爲宗主孝復立誠	以致知爲宗，求友改過爲輔	以文章號召	以經義舉業，指授學者，因文而進之道		以慎獨爲致知，存心致知不分爲二
會講者	陶奭齡	王朝式 史孝咸			邵元長				陶思曾 邵國麟
會講者講學之宗旨	以四無爲宗	史孝咸以立誠爲第一步，管宗聖以躬行實踐爲則，王朝式史孝復皆主致知		自順治己亥至康熙己酉，姚江書院中微，輟講十年，釋氏臨濟宗大盛					
參與者	（主誠意慎獨者）董瑒、張奠夫、徐澤鹽、趙禹功、王毓功、熊汝霖、黃宗羲（主致知者）王朝式、史孝復、葉廷秀（自成一家者）沈國模、史孝咸、惲日初	（沈國模嫡派）王朝式、張廷賓、邵廷寀、萬元璞、鄭錫玄、邵元長、邵振韶、史標、陳正行、吳穌、呂滋禹、錢九鼎、邵貞可、邵曾顯……六十人（其餘）韓孔當、蘇方伯、蘇廷吉						徐景范、邵廷采……六十七人	

（據《思復堂文集》）

邵氏世系表

（據《五世行略》及萬經所作念魯先生傳）

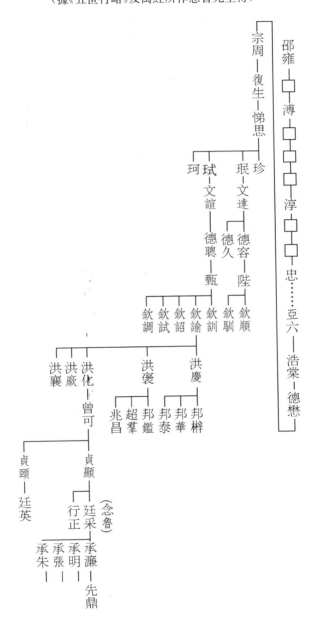

譜主之祖先

（據《五世行略》）

維邵之先，出姬姓召康公穆公之後，功在周室，紀於《甘棠》。及漢青州太守休加邑爲邵。代有名字，世遠難譜。宋新安伯康節先生（雍）以樂天知易，齊德周（敦頤）、程（顥、頤）。孫徽猷閣待制溥，扈蹕南渡，家臨安。玄孫新昌令淳自臨安徙會稽。曾孫揚州都巡忠復自會稽遷餘姚通德門之清風里，於是餘姚始有邵氏。邵氏之在餘姚，不能與孫、王、謝三姓次，而科甲之目，獨盛於明。浙東明經取高第者，以邵氏爲最。邵氏文章勳節，不甚傳，而吏多清白，子孫慎守經術，以儉爲師，雖累世貴宦，而族無富室：此其家風之可稱述者。

念魯先生六世祖，名遠。遠更名甄，字世昭，號鑑水。明嘉靖壬子，舉孝廉。由固始知縣，陞知海州，卒於官。其學出於兄培。培字世德，號芑泉，以《禮記》爲經生師。江以南，言《禮記》者，推餘姚邵氏，而培經義傾縣。自江南溟（道昆）輩皆千里修贄。

甄次子欽諭，更名伯棠，字克良，號廓原。高才睿思。默通大意，爲文㶸然冰解。萬曆間，教諭安肅，陞國子助教，出知靖州。性薄世資，善處豐約之際。生平禮數安簡，不修苛節，几窗明暇。與知交薄欽清談，友孝篤誠，不以俗情長幼倫次離隔恩愛。晚年歸老玉田之莊。玉田莊，父所置產也。

欽諭第三子洪化，字品生，號易菴。九歲從父之玉田，習樂北方，性行慷慨。萬曆三十六年夏，上府應學使試，大雨，試廠皆飛，感疾，尋卒，年二十四。妻翁氏，姙身方七月，殉節不果，及期，生子曾可。曾可，生子貞顯，事皆詳於年譜。

譜主生前有關係之事

(據《東華錄》及《思復堂文集》)

　　明崇禎十七年甲申(西紀一六四四)三月,流匪李自成陷北京,明皇帝朱由檢死之。五月,清睿親王多爾袞率師入關,李自成敗走。明福王朱由崧立於南京,十月,清皇帝福臨入居北京,改稱清順治元年,遣兵徇中原。是年,邵念魯先生之父貞顯娶妻陳氏。

　　清順治二年乙酉(一六四五)五月,清兵陷南京,虜明福王,下辮髮令。六月,劉宗周不食,死節山陰。八月,明魯王朱以海監國紹興。秋,浙東大水,潦饑,越人衣食於舟。

　　清順治三年丙戌(一六四六)五月,浙東兵潰,魯王南奔。六月一日,清兵渡浙。二日,入紹興。旋入餘姚。邵貞顯全家避兵山中。三日,乃達蔣罍。盜晝剽掠,顛連流寓,困躓萬狀。貞顯妻以此憊病,歸而隕其孕。冬,明桂王朱由榔立於肇慶。鄭成功起兵於廈門。

　　清順治四年丁亥(一六四七)、明桂王永曆元年,浙東潰兵,散走山澤,餘姚人王翊兵最強,盤踞四明山,遙應魯王。

年　　譜

　　清順治五年戊子(西紀一六四八)正月五日,先生生。(據龔翔麟所作《文學邵念魯先生墓誌銘》)

　　先生姓邵,名行中,字允斯,更名廷采,字念魯。浙江紹興餘姚縣人。(據萬經所作《理學邵念魯先生傳》)

　　父名貞顯,字立夫,號鶴閒。時年二十三。(據《五世行略》)

　　母,陳正衍之女。時年二十一。(據《五世行略》)

　　祖父名邦琳,字林玉,更名曾可,字子唯,號魯公。時年四十一。(據《五世行略》)

　　祖母,孫應楫之女。時年三十八。(據《五世行略》)

　　曾祖母,翁時宣之女。時年六十四。(據《五世行略》)

　　時明魯王駐兵琅琦,浙東戒備未息。(據《東南紀事》)

　　六月二十九日,母陳夫人卒。(據《五世行略》)

　　陳氏家世忠孝,清德延及子孫。陳夫人雖女子,亦漸染遺教,少而性成恭順。年十七,歸邵氏。奉姑孝。雞初鳴,盥沐,立寢門外,敬問安否。日中視膳,如之。昏定,又如之。其笑容言面,無以出於中人,而溫恭淑順之氣,承舅姑而宜室家者,人莫之及。丙戌夏,清兵渡浙,舉家避兵山中。顛連困躓,能不失婦姑內外之禮,姑以是知其賢。懰病,重跰,歸而隕其孕。又二年而生念魯先生,病轉劇。先生之所以不克育其兄與依其母,皆丙戌避兵之由也。陳夫人之彌留也,瞪目視其姑者三。曰:"新婦不能事姑矣……"欲絕,已,凝眸還顧,若有所囑。姑會意,召保母,立先生於其前。則翹首曰:"以累姑……"言終而卒。(據《五世行略》及張五皐所作《邵立夫先生配孺人陳氏章氏墓誌銘》)

　　祖母撫先生,十易保母,乃得乳,以迄於成人。(據《五世行略》及邵國

麟所作《念魯先生本傳》)

是年沈國模年七十四,史孝咸年六十七,韓孔當年五十,孫奇逢年六十五,黃宗羲年三十九,顧炎武年三十六,史標年三十三,毛奇齡年二十六,湯斌年二十二,李顒年二十二,陸隴其年十八,萬斯大年十六,顏元年十四,閻若璩年十三,萬斯同年六。(據各人本傳)

是年王守仁卒已一百三十一年(西紀一五二七)。[1] 歐陽德卒已九十四年(一五五四)。鄒守益卒已八十六年(一五六二)。錢德洪卒已七十五年(一五七三)。許孚遠卒已四十四年(一六〇四)。管宗聖卒已七年(一六四一)。史孝復卒已四年(一六四四)。劉宗周卒已三年(一六四五)。(據各人本傳)

順治六年　己丑(一六四九)　先生二歲

從曾祖母翁夫人肩輿由通濟橋入餘姚城,謁孫氏祖姑於東門蔣氏之園。祖姑撫先生曰:"兒亡母,良苦。然汝余母家曾孫也,宜端慧,可爲後。"命表叔睕仙(字),取一巵壽外祖母。翁夫人歡甚,侵暮乃歸。(據《贈表叔孫睕仙先生序》)

是年魯王駐兵玉環,進屯南田。七月,至健跳,旋至舟山。王翊再破上虞,與魯王兵遙應。浙東閭里,迄未得甯。清兵始盡得福建、江西、湖南。(據《東南紀事》及黃宗羲所作《行朝錄》、蔣良騏所輯《東華錄》)

順治七年　庚寅(一六五〇)　先生三歲

繼母章夫人來歸。(據《五世行略》)

章夫人出慈谿縣十八都之甘谿。父申甫,耕讀守家。當避兵時,入餘姚城,因定婚焉。申甫公樸而忠,每入城省女,攜山中果芋,未嘗不顧先生而欷歔。(據張五皋所作《邵立夫先生配孺人陳氏章氏墓誌銘》)

是年八月,王翊合兵陷新昌,北越餘姚,拔滸山,斷紹興、寧波之通道。

---

[1] 按,此處姚先生所述有誤。據束景南《王陽明年譜長編》,王守仁卒於嘉靖七年十一月二十九日,西曆為1529年1月9日,時王守仁卒已一百一十九年。——編輯注。

清兵大舉分道入四明山,冬。清兵取廣州桂林。(據《東南紀事》及《東華錄》)

順治八年　辛卯(一六五一)　先生四歲

弟孝生。(據張五臬所作《邵立夫先生墓誌銘》)

曾祖母翁夫人卒。(據《五行世略》)

翁夫人父時宣,明寧遠衛經歷。祖父大立,南京兵部尚書。夫人年十八,來歸,六年而夫卒。姙身方七月,擗踊決以身殉,宗老踰止之。及期,生子曾可,乃不死。曾可公幼多病,百端調護。禮管宗聖於塾,教子飲食言語居止悉規視其師。以故曾可公少成而莊,德性深厚,弱冠即具儒者家法。夫人亦多病,曾可公方藥周篤,旁及醫學。稍起復病,病劇輒愈,竟至六十七歲而卒。生平稟性剛棱,忠亮明著,推天誠以待人。或有挾詐相欺者,則矜憐曰:"當非本心,出不得已耳。"遇僕婢為小偷,輒先引避,恐驚之。追遠奉先,時久愈殷。忌辰月正,面舅姑像而哀鳴。繼姑病,叩神,乞以身代。自夫亡後,斷葷長齋,念《楞嚴》"究竟堅固"四字,然未嘗近精廬、女冠。既卒,黃葆素諡之曰:"貞懿。"有女,適孫籍洵。(據《五世行略》及謝孔淵所作《邵母貞懿翁太孺人傳》)

管宗聖,字允中,號霞標。為人孝友忠亮,強氣自克。謂"人心不正,在學術不明"。於是沈國模、史孝咸、史孝復會講陽明之學。以躬行實踐為則。一言一動,必準乎禮。邑中後生先達皆化之。於翁夫人祖見海公為外孫,故翁夫人禮聘以課其子。明崇禎十四年卒,年六十四。趙公貞稱"宗聖淵海之學,山嶽之行,水鑑之識,金石之品,今日郭有道"云。(據《姚江書院傳》)

是年八月清兵破四明山,王翊死之。九月,破舟山,明魯王南奔。浙東漸次寧靜。(據《東南紀事》)

順治九年　壬辰(一六五二)　先生五歲

五六歲時,稟祖父之訓,受孝弟忠信為人之方。(據《謁毛西河先生書》)

是年明魯王在金門,依鄭成功。張名振陷崇明,觀兵金山,清江南、江北戒嚴。(接《東南紀事》)

　　　　順治十年　癸巳(一六五三)　先生六歲

六七歲時,祖父率詣城南五里半霖義學,繙示先儒書曰:"小子今未能讀,異日庶幾沈思靜觀之。"(據陳祖法所作《邵魯公先生孫孺人墓誌銘》)
　聘妻龔氏。(據《五世行略》)
　龔夫人,同縣侍郎輝之裔孫。父名執卿,邵出從甥也。先生祖姑嫁孫氏者待之如孫氏甥。故執卿公指先生而言曰:"舅母賢而惠我,而教孫也有義方,是兒率謹,必能成立。"遂以女字先生。(據《五世行略》及張五臯所作《邵立夫先生墓誌銘》)
　弟孝殤。(據張五臯所作《邵立夫先生墓誌銘》)
　是年明魯王去監國名號,張名振敗清兵於崇明。(據《東南紀事》)

　　　　順治十一年　甲午(一六五四)　先生七歲

張名振再入鎮江,旋敗去。(據《東南紀事》)

　　　　順治十二年　乙未(一六五五)　先生八歲

始從僕負攜至外祖父陳正衍之家。時先生亡母八年矣。外祖母撫之流涕曰:"是外孫也,生而哀。"越日,值外曾祖母八十,置宴,設鐘鼓。正衍公與其兄正行公捧觴上壽,跪拜之數,其恭以久。諸父肅進,宗人以次致敬,畢,外曾祖母命工歌奏梁太素故事。越旬,又值外曾祖父丹冶公諱日。正衍公兄弟皆白衣冠,孺子泣而臨祭。卒事,童稚無嘩。先生時方爭啖棗栗,見外祖父家門如此,亦垂泣知念母氏。(據《外大父陳蜀菴先生墓碣》)
　八九歲,四子書漸已卒業。祖父曾可公便欲提撕本原,出入教以孝弟忠信,語之以必爲聖人。所隨舉語,多詳經而略史。屢告以《客座私祝邵康節詩》與《朱子家禮》,非儒者之書勿使見。
　【考異】　先生《文藝序》自述:"八九歲,從王父魯公府君受《陽明客座私祝》。"《贈表叔孫畹仙先生序》引表叔語，則云："君六七歲時，隨入姚江書院，受《陽明客座私祝》。"年載自相參差。他人記憶模糊，雖出先生之口，究不若先生自述更爲可信。故以八九歲爲記。雖一二歲之差，亦不可苟也。

【商榷】 此段採自《文藝序》與《刻姚江書院志略端由》。其受《邵康節詩》與《朱子家禮》無確實之年載。然《志略端由》謂與受《客座私祝》同時，而《文藝序》謂受《客座私祝》爲八九歲，則可以知其亦爲八九歲之事也。

是年始記周敦頤、程顥、程頤、張載、邵雍、朱熹及陳獻章、王守仁、徐愛、錢德洪、鄒守益、王艮諸君子姓名。（據《文藝序》）

順治十三年　丙申（一六五六）　先生九歲

從祖父至半霖義學見沈國模、史孝咸。國模謂曰："孺子治何經？"對曰："方受《尚書》。"國模摩其頂曰："孺子識之：在知人，在安民。"祖父呼先生拜受，先生至老不忘斯言。（據《師訓序》及《謁毛西河先生書》及萬經作先生《傳》）

【商榷】 先生《師訓序》自述云爾。邵晉涵《家念魯先生行狀》謂先生"九歲，祖魯公先生從他邑教授歸，召先生省所治書，因教以先儒語。先生欣然曰：'其人何在乎？何不令兒早事之？'祖聞而大悅，爲具衣冠，具書幣而攜之入姚江書院"。似近真事。但其上下文謂"先生九歲讀史，即操椠爲徐達、常遇春傳，有法"。又謂"先生聽沈國模講學，執所業《尚書》前曰：'孩提不學不慮，堯舜不思不勉，同乎？'國模歎曰：'孺子知良知矣。能敬以恕，吾何加焉？'自是從韓孔當受業"云云：則全屬子虛。有其不可信者，且并疑其可信。故其敘先生祖孫相語一段，吾所不取。

弟行正生。（從《五世行略》推）

是年沈國模卒於石浪，年八十。史孝咸繼之主半霖義學。（據《姚江書院傳》）

沈國模字叔則，號求如[1]，餘姚人。憤舉業陷溺天下之人，不知聖學，奮然棄諸生倡明之。初入嵊，見周汝登。既，與劉宗周會講證人社。

---

[1] "號"，原作"處"，據《（光緒）餘姚縣志》卷二十三"沈國模，字叔則，號求如"改。——編輯注。

歸而建義學於半霖。同志者,管宗聖、史孝咸、史孝復。其學以求仁爲宗。教人當下察取本心擴充克治。當時議者有"禪學"之目。遇有向道者,必泥首鼓勵,雖在齠齔,提耳訓告。故姚江講學之盛,前稱徐、錢,後稱沈、史焉。崇禎末,築石浪。聞劉宗周死節,哭之慟,自謂後死。作人明道之意益篤。使門人重繕義學,月旦臨講。曰:"陵谷變遷,惟學庶留人心不死。"先生祖父曾可公,父貞顯公,皆沈先生暨史孝咸高弟也。(據《姚江書院傳》及《半霖史顯臣先生傳》)

談遷卒。(據《明遺民所知傳》)

談遷字孺木,海寧人。好觀古今治亂,注意明代典故。以爲:"史之所憑者,實錄耳。實錄見其表,尚不見其裏。況革除之事,楊文貞未免失實。泰陵之盛,焦泌陽又多醜正。神、熹載筆者,皆宦逆奄舍之(原誤作'之舍')人。至思陵一十七年憂勤,國滅而史亦隨滅,普天心痛。"於是汰十五朝實錄,搜崇禎邸報,補其遺闕。書成,名曰《國榷》。有盜夜入其室,盡發其藏稿而去。遷從嘉善錢士升家借書復成之。——先生爲敍其生平於《明遺民所知傳》云爾。且曰:"明季裨史雖多,而心思漏脱,體裁未備,不過偶記聞見,罕有全書。惟談遷編年、張岱列傳,兩家具有本末。谷應泰並採之以成《紀事》。而遷於君臣、朋友間,天性篤至。其著書皆覆簣,不矜奇鬬文,以作者自居。故爲儒林所宗,追配荀悦《漢紀》焉。"

張岱者,山陰人,字宗子。性承忠孝,長於史學。丙戌後,屏居卧龍山之仙室。短簷危壁,沈淫於有明一代紀傳,名曰《石匱藏書》,以擬鄭思肖之《鐵函心史》也。至於廢存興亡之際,孤臣貞士之操,未嘗不感慨流連隕涕,三致意焉。順治初[1],豐潤谷應泰提學浙江,修明代紀事本末,以五百金購請其書。慨然曰:"是固當公之,公之谷君,得其人矣。"年七十餘,乃卒[2]。先生蓋嘗從之詢史料也。(卒年大約在康熙間,因不能定,姑置於此)(據《明遺民所知傳》及《東南紀事》諸篇)

是年清軍始取廣西,明桂王奔滇。(據《西南紀事》)

---

[1] "初"字不確,當作"時"。據《(雍正)浙江通志》卷一百二十一,谷應泰於順治十三年至十五年官浙江提學道。——編輯注。

[2] 此處所記張岱享年及卒年不確。據胡益民《張岱卒考辨》(載《安徽大學學報》哲學社會科學版,2002年9月),張岱卒於康熙十九年庚申冬(1680),年八十有四。——編輯注。

順治十四年　丁酉（一六五七）　先生十歲

先是，紹興劉宗周、陶奭齡會講證人社，餘姚沈國模與焉。及歸，與管宗聖、史孝咸、孝復捐棄舉業，因雙雁里半霖沈氏宅，肇營義學。烝邑中士有志節者，寢食其中，月季小大會。是爲姚江書院之起原，始建歲在崇禎己卯，越二十年，即是年，重修，乃額名姚江書院。與證人社對峙，往復相和。天下學者稱越中證人祀尹焞、姚江祀王守仁，皆其地講學之祖。推揚餘徽，郡邑人士斐然各有成就。（據《姚江書院記》）

是年清兵始平貴州。（據《東華錄》）

順治十五年　戊戌（一六五八）　先生十一歲

從祖父講業於皇山翁氏莊，受先正制義。晨夕出望原野，平步林皋。訓以孝弟忠信。夜則共臥。寬嚴得中，誦說有法。爲作《蒙說》以課先生。（據《文藝序後蒙說》及萬經作先生《傳》）

史孝咸病於半霖。祖父曾可公無方就養，且走十餘里，叩牀下，省其疾，不食而返。如是月餘，因亦困病。冬，自皇山扶病歸家，遂篤。十一月二十二日卒，年五十一。祖父卒之前一日，繼母章夫人亦卒，年二十七。據（《五世行略》及陳祖法作《邵魯公墓誌銘》、張五臬作《邵立夫墓誌銘》、萬經作先生《墓誌銘》）曾可公在娠七月而孤。終身孺慕，有曾子養志之節。迨除母喪，沒齒素食。饗殮纔具，而惠於三黨。師友宗之，賢者交之，貧者卹之。婚喪無告者，無不假也，不責其償。下至傭夫、莊戶，並感其義。少時頗好書畫，一日，讀《孟子》"伯夷聖之清"語，即渙然釋去。半霖義學初立，姚中有"禪學"之目，家人咸以爲疑。公厲色曰："不如是，便虛此生。"徑往從之。月旦院會，請業者各持成見，殆同紛訟。公獨正襟斂容，如不能言。退而書所答問。近思精擇，期於動息有合。諸先生喟然曰："今英才滿前，如魯公之孝友端厚、五倫無闕者，未見其多比也。"於是皆愧服焉。初年功專主敬，後乃深詣致知。曰："吾今而知知之不可以已，如日月有明，容光必照，不爾，日用跬步，俱貿貿矣。"思以魯得之，故自號魯公。曰："成吾學者魯也。"教二子讀儒書、近高賢，持身渾樸，莫漫馳思經濟。母翁夫人終，欷歔謂二子曰："吾生而無父，四十餘年，微吾母，豈至今日？不圖經遇家國之變，視息此世，又何求哉？承吾志者，古今寬廣，可自得師，勿徒作沾沾舉業爲也。"生平不見喜怒之色，不服闈，不登危。與韓孔當交篤，勤受規諍。多貯明儒書，自薛敬軒、吳康齋、陳白沙、王陽明以下，徐曰仁、錢緒山、鄒東郭、歐陽南野及《院會》《請益教言》《稽古》《質疑》等[1]，蠹餘隻字，力闡師傳，無或謬缺。坐臥北樓，手鈎玄要，常爲後生開説，提撕本原。其後，先生修《姚江書院志略》，皆出遺笥所留云。（據《五世行著》[2]、《謁毛西河先生書》、《刻姚江書院志略端由》[3]、《姚江書院傳》、邵國麟所作念魯先生本傳、陳祖法所作《邵魯公先生孫孺人墓誌銘》）

先生受祖父之感化極深。祖父之死，先生學問，頓遭打擊。故先生念之甚，方弱冠而自號念魯。（從陶思䎖先生《墓表》及各文推）

繼母執婦道者竟九年，家人大小内外無異詞。事姑孝。撫先生無異己出，弟生而愛不衰。服食居處，雖出自祖母，先生常得豐。繼母亦曰："吾子何敢與陳氏姊子比？"病耳，恒失聰。父念前妻不永年，優遇之，彌縫其闕。然竟以弱疾終。（據《五世行略》及張五皐所作《墓誌銘》）

父貞顯公時年三十三，遂不復娶。弟行中自是半依外祖母於甘溪。（據《五世行略》）

是年清兵始得四川。（據《東華録》）

順治十六年　己亥（一六五九）　先生十二歲

祖父既没，家計益衰。父去之石門，庭訓曠廢。表叔孫畹仙見先生，必動色相戒。既，乃從外祖父陳正衍學經義，遂受《左傳》《國語》《史記》《漢書》。正衍性嗜佛，往往爲先生談説禪學。（據《文藝序》《外大父陳蜀菴先生墓碣》《贈表叔孫畹仙先生序》）

---

[1]　"會"，據本書"康熙二十八年"條，當作"規"字。——編輯注。
[2]　"著"，據本書上下文，當作"略"字。——編輯注。
[3]　"由"，原誤作"田"，據本書"康熙二十九年"條改。——編輯注。

李塨生[1]。（據《李恕谷年譜》）

萬經生。（據《本傳》）

史孝咸卒，年七十八。（據《姚江書院傳》）

史孝咸字子虛，號拙修。和平光霽，以名教爲宗主。家貧，日食一粥，泊如也。嘗謂"良知非致不眞，證人改過則聖。吾輩頭頂儒冠，家畜妻子，學宗孔孟，教遵先哲，何至借徑於禪？"令學者鞭辟近裏。以立誠爲第一步。曰："學問自有向上功夫，勿以必信必果爲駐足之地。"又曰："空談易，對境難，但將《論語》'居處恭，執事敬，與人忠'，深佩而力行之。"當半霖義學之初起，時人頗共迂怪。沈國模識行超卓，教人當下識取良知，故議者有"禪學"之目。及見孝咸衣冠、言動一準儒者，醇潔之士，徐稍歸之。然劉宗周稱"沈國模之斬截，管宗聖之篤實，史孝咸之明快，一時共相伯仲"云。（據《姚江書院傳》）

先生祖父服膺史孝咸最篤。先生之父，亦師事之。自孝咸既沒，姚江書院輟講竟十年。（據《姚江書院傳》《五世行略》）

【考異】　餘姚邵國麟念魯先生本傳云："康熙初，姚江講學諸儒，若沈、史、韓輩，朔望集書院講學，先生均師之。"按沈國模順治十三年已卒，史孝咸至是——順治十六年——亦卒，不能待康熙初矣。且韓孔當乃沈、史弟子，後十年始講學，亦不得與沈、史輩也。邵國麟去先生不久，又爲本地宗人，記載之差，猶且若此，則決擇去取，可不愼乎？

是年六月，鄭成功圍南京。江南北州縣，漸有下者。秋，敗去。清兵始平雲南，明桂王莽緬甸。（據《東南紀事》《西南紀事》及《東華錄》）

順治十七年　庚子（一六六〇）　先生十三歲

十三四歲，學時文，所聞見不進。曾一蹴鞠，祖母孫夫人召之，泣曰："汝祖父能薄，不任蹴鞠。汝今才過汝祖父矣。"先生頓首出血謝。（據《文藝序》《五世行略》）

【考異】　按"蹴鞠"一段，出自先生《五世行略》，最可信。邵晉涵於先

---

[1] "塨"，原誤作"璟"，據馮辰《李恕谷年譜》改。下徑改，不出校。——編輯注。

生没後六十年爲之作《行狀》,則云是七歲事。可見轉述傳聞,未有不差,此其一端也已。

　　　　　順治十八年　辛丑(一六六一)　先生十四歲

清遷界封海,海上大困。鄭成功移兵外向,取臺灣,自立。明桂王被執於緬甸,自是不復有揭明幟者矣。(據《東南紀事》《西南紀事》)

　　　　　康熙元年　壬寅(一六六二)　先生十五歲

通《易》《詩》《書》并《左氏春秋》。(據文集末龔翔麟所作先生《墓誌銘》)

【考異】　萬經作傳以爲二十二歲以後之事,誤。

鄭成功卒,子經嗣。

　　　　　康熙二年　癸卯(一六六三)　先生十六歲

自己亥至是五年之間,父貞顯公授經石門教諭陳祖法之家。先生年幼,不能追侍。是歲始從父石門旅居讀書。見馬書初《皇明通紀》,悦而錄之,戲爲編次,立中山、開平、曹國諸傳。父覻視,微哂,若爲不知,而不之責。後遂貪閱《綱目》《史記》暨《吾學》《從信》《憲章》等書,自覺性與史近。又得交陳聲大(字),相契,稱爲生平三友之一。(據《友誼序》《文藝序》《與陶聖水書》)

【考異】　按此段本於先生《與陶聖水書》及《文藝序》,最可信。而轉述之久,竟近神話。龔翔麟,先生晚年友也。作先生《墓誌銘》,自謂根據《行實》,已移錄書立傳一事於十五歲。且謂"一日,閲馬書初《通紀》,即仿立劉誠意、徐中山、常開平各傳,見者奇之"。年既參差,辭亦兀突。朱筠於先生没後六十年,爲先生作《墓表》,則竟目爲九歲之事。謂"先生九歲讀史,即操槧爲徐達、常遇春傳,有法"。誠若是,則先生不幾於天縱生知者耶?

是年明魯王卒於金門。十月,清兵破金門、廈門,始奄有十八省全部。

(據《東南紀事》《東華錄》)

康熙三年　甲辰(一六六四)　先生十七歲

始受業韓孔當先生之門,講王陽明之學。韓先生所以責望先生者甚厚,示以入門梯級,謂聖人可學而至。(據《師訓序》及陶思淵所作《理學邵念魯先生墓表》)

【考異】按先生《師訓序》自言"年十七,始受業先師韓夫子之門"。韓夫子,即韓孔當。萬經《理學邵念魯先生傳》則謂:"年二十,委贄姚江先輩韓孔當。"朱筠《邵念魯先生墓表》則謂:"九歲……祖父即為之具衣冠,送之姚江書院……自是從孔當受業。"萬、朱所記皆誤。又邵國麟念魯先生本傳云:"康熙初,姚江講學諸儒,若沈、史、韓輩,朔望集書院,先生均師之。一日,問韓孔當曰:'孩提之不學不慮,與聖人之不思不勉,將無同?'孔當答曰:'子知良知矣。'"萬經亦云:"年二十,委贄姚江先輩韓孔當。……一日,孔當問曰:'堯舜之道在孝弟,孝弟亦不易盡,夫子尚言未能,人皆可以為堯舜,其說云何?'先生對:'孩提之不學不慮,即堯舜之不思不勉否?'孔當怡然悅曰:'良知宗旨,被汝一語道破。此是性善根苗。'孟子言'人人親其親,長其長,而天下平。'道邇事易,何事他求?只此,子歸而求之,真有餘師矣。"似受業孔當,澈悟良知,確有其事。但朱筠云:"九歲……祖……送之姚江書院。姚江書院者,在半霖,崇禎初縣人設以為講學地也。亂廢,韓孔當率諸人復之。是時沈國模年八十矣,尚在,歲必一再至,為諸生設講。先生立階下聽久之,執所業《尚書》前曰:'孩提不學不慮,堯舜不思不勉,同乎?'國模歎曰:'孺子知良知矣。能敬以恕,吾何加焉?'自是從孔當受業。"綜此三人所記,殊有可疑。(一)人的問題。邵、萬目為語韓,朱筠目為語沈,朱說固出傳聞,邵、萬亦不必親見,此可疑也。(二)年的問題。邵指為康熙初,然沈、史已沒於順治,不逮見康熙矣。萬指為年二十,然師韓實在年十七時,而年二十則正從解齊上人為禪坐之時也。朱指為九歲,則念魯先生可謂生知之聖矣。然王陽明姓名,先生八九歲方初知記,良知宗旨,遽已澈悟乎?邵、朱固屬無稽,萬說又豈得當?(三)語的問題。少年嘗作此語,先生未嘗自述,先生又固非不道少年求學之事者。直至六十三歲,作《明儒王子陽明先生傳》,始曰:"人皆可堯舜,獨恃此不學不慮之良知,而作聖之功,不廢學、慮。孩提之不學、不慮,與聖人之不思、不勉,本體同,而求端用力在於致。"前此未嘗作此語也。統觀三端,則澈悟良知,似非弱冠以前事。三人所記,舉未可信。萬說雖稍近情,肆諸闕疑待證之列,可矣。

病於石洞林屋。父以肩輿入山,舁之歸邑。泣禱於石洞之神,三命三吉。病痊,父復攝蹻四十里,走四明山,隻雞稽謝。(據《遺命》)

劉汋卒,年五十二。

劉汋字伯繩,山陰人。父宗周,發慎獨誠意之學。歷仕明代神、光、熹、懷、毅五朝,犯顏極諫,卒死殉國。海內稱之曰"蕺山劉子"。汋幼習父訓,以不苟取與進退為家法。許元溥,宗周贄師孚遠之子也。遺書汋,稱儒、佛為一。汋闢之。言:"儒、佛之異,不在於用,而在於體。慎獨而中和、位育,豈彼佛者所有?"其能篤守父師之說如此。父沒,遂杜門絕人事,坐卧蕺山一小樓,竟二十年。故人自史孝咸、張奠夫、惲日初數輩外,希復見面。為人溫栗,居閨閫,未嘗有惰容。及卒,同門私謚之曰貞孝先生。先生於丁丑年為作《貞孝先生傳》,稱其有合孔子所謂"篤信好學,守死善道"云。(即據先生所作傳)

是年明遺民張煌言死節於杭州。(據《東南紀事》《明遺民所知傳》)

康熙四年　乙巳(一六六五)　先生十八歲

在家,無師,始私啓父篋,縱觀古今書籍,然不精專,訖無所得。自謂緣是不能為古詩文,有媿先人家學。父每自石門歸,見牙籤繙動,則召先生,面之怒。既,乃太息曰:"先人口澤止此,吾今成壞,當由汝矣。"(據《文藝序》《五世行略》)

十八、十九兩歲,喜抄閱明代史書,無間晝夜,每一朝輒記其良臣聲績、所遭際厚薄。然無師指授,空自勞攘。又牽率俗儒聞見,牴牾應試,無以自堅。(據《與陶聖水書》《謁毛西河先生書》《黃忠宣公祠堂記》)

康熙五年　丙午(一六六六)　先生十九歲

娶妻龔氏(?)

【商榷】 按龔夫人于歸去世之年載[1],《思復堂文集》及其關涉諸書,俱無明文。而先生六歲之聘,聘而未娶,則已有徵,不能目龔之于歸即在先生六歲。究係何年,未可定也。先生《遺命》有曰:"追數六十四年中,蹉跎舉場,凡十四科。以外艱承重,不應試者再。元配龔產亡,適當試時,不應者一。又授經山左,不應者一。其餘無試不與。"則龔夫人之亡,以產子,而其時適當舉行鄉試之際,可知也。吾於是遍檢《浙江通志·選舉志》,則自先生己酉補縣學生以迄先生辛卯之沒,其間鄉試,恰為十八科,與先生所謂蹉跎舉試凡十四科、不應試者四科之數目相符。先生之就婚陶氏,凡三十餘年,而享壽六十四歲。必前妻既死,乃娶繼妻。則龔夫人之亡,先於先生三十餘年,可知也。就婚陶氏,亦無確年,然陶出長子承濂,生於壬戌,先生三十五歲。承濂未生之前,陶氏尚生一子,殤。則婚陶至遲亦在三十三四歲之時,可知也。先生三十一歲,應試不售,返自舉場,祖母迎之而泣,先生伏地哭,不能起。倘非龔氏已亡,祖母形單影隻,則凄涼相吊,果何為者?龔氏之亡,至遲不出先生三十歲,而婚陶至早不出先生三十一歲,從可知也。先生己酉補縣學生,即應鄉試,壬子丁父憂,尚未除服,不應試。自是以後,惟乙卯科[2]、丁巳恩科兩科耳。丁巳,先生年三十。龔氏之亡,既適當鄉試之期。則其年雖無可考,吾敢決其非乙卯必丁巳矣。龔氏執婦道者凡十二年。從乙卯或丁巳逆數十二年,則甲辰或丙午,先生年十七或十九,正結婚之時期也。所以姑置"娶妻龔氏"於先生十九歲之年者,言乎最遲不出此年也。總之,若謂非甲辰或丙午,則不可矣。

弟行正殤。先生哭告繼母神主曰:"正之不延,天也。采,固母之子也,其毋以前後易意。"父自石門歸,責先生曰:"汝弟將死,而汝不知,是汝性不足也。"先生無詞。(據《五世行略》及張五臯所作《邵立夫先生墓誌銘》。)

弟自繼母亡後,半依其外祖母家。七八歲時,即令獨宿。然早識孝弟,為道母氏,輒慘然變色。先生嘗失意,私過越城,弟遍走兩城求之。暮歸,告叔母曰:"阿兄出門,未嘗持金,此時不知泊何所矣。"因泣下。稍長,曉世務,從外祖母家來,泣謂先生曰:"舅氏怒我,嘗持鐵椎椎我,以我他姓

---

[1] "于",原誤作"干",據下文"于歸"改。——編輯注。
[2] "乙",原誤作"己",據上文"壬子"、下文"乙卯""丁巳"改。——編輯注。

子也。"先生持之而泣。(據《五世行略》)

【考異】 按先生甲子作《五世行略》云:"自廷采生六月而先母陳孺人卒(戊子)。越三年,先君受繼室於章(庚寅)。又八年,章孺人卒。卒之明日,先祖魯公府君卒(戊戌)。又八年,行正以痘殤(丙午)。又四年,先君告終(庚戌)。自先君之亡,至於今年甲子,又十五年而大母孫孺人卒。"甲子,先生方三十七歲,年富力強,記憶當無差誤。其後萬經撰先生《傳》及《墓誌銘》,所述年載,皆同,可信。而陳執齋撰先生祖父母《墓誌銘》、張五臬撰先生父母《墓誌銘》皆云:"弟行正,年十三殤。"張氏且明謂:"康熙七年戊申,行正殤。"且云先生口述如此,似亦確鑿有據。但陳氏作誌,先生年四十六;張氏作誌,先生已有四子、二媳、二女、一孫、三孫女矣。縱出先生口述,難免偶差,不敵少壯載筆之翔實不移也。雖一人生卒,參差三二年,有非可苟為詮次者焉。

是年孫奇逢講學蘇州,湯斌受業門下。(據孫夏峰《年譜》)

康熙六年　丁未(一六六七)　先生二十歲

從角聲苑解齊上人為禪坐。(據《徵君孫鍾元先生傳》)

黃宗羲等復舉證人講會於紹興古小學,先生亦往參與。(據《東池董無休先生傳》《遺獻黃文孝先生傳》)

王正中卒。

王正中,字仲撝,保定人。為人強力,好讀有用之書。明魯王在紹興時,攝餘姚縣事。貌寢,不及中人,而敢於斷事,屢以計捍衛餘姚。事後隱居,與史孝咸、黃宗羲、呂章成及先生祖父交好,幅巾寬袖,時相往來。常宿先生家樓,與祖父語至夜分。通曉律呂、星象、壬遁。乙酉冬,嘗進魯王丙戌年曆。先生嘗從之學西曆。(據《明遺民所知傳》及朱筠所作先生《墓表》)

康熙七年　戊申(一六六八)　先生二十一歲

見毛奇齡於紹興古小學〔即證人社〕。此時劉宗周高弟如張奠夫、徐澤蘊諸先輩,咸在講座,而奇齡抗言高論,出入百子,融貫諸儒;先生雖無

所識知,已心儀而目注之。(據《謁毛西河先生書》)

黃宗羲皋比甯波府城,謂"學問必以六經根底",於是甬上始有講經會。(據《遺獻黃文孝先生傳》)

康熙八年　己酉(一六六九)　先生二十二歲

父仍授經石門,先生往省觀。乃籍桐鄉,補諸生第一。旋應舉試,不售。(據《前上慈谿方明府啓》《謁毛西河先生書》《遺命》及邵國麟作先生本傳)

【考異】　邵國麟作先生本傳,又云"己酉,父授經嘉禾……"云云,嘉禾當包括嘉興府而言,意指石門,非指嘉興縣,否則錯誤。又朱筠作先生《墓表》云:"年二十,爲縣學生。"亦誤。

遇遠道人,道人令觀安身立命之宗。先生此後遂喜讀《龍溪語錄》及張子韶《論語頌》諸書。(據《徵君孫鍾元先生傳》)

自沈國模、史孝咸既没,姚江書院輟講十年。是歲,韓孔當主講以挽其遺緒。舊人新進咸翕然來問學,弟子至七十餘人。月季再會,重續沈、史之席。持論較師説爲闊,恪遵濂、洛,兼綜羣儒,以名教經世指勖學者。先生亦肄業焉。同門最著者,里人徐景范,字文亦,有學識,純潛和正,光采動人。先生與之最相契,稱爲"生平三友"之一。(據《姚江書院傳》《謁毛西河先生書》《姚江書院記》)

康熙九年　庚戌(一六七〇)　先生二十三歲

八月十五日,父貞顯公卒,年四十五。自是先生學業益廢。事祖母,益闋侍養。(據《五世行略》《與陶聖水書》及陳祖法所作《邵魯公先生孫孺人墓誌銘》)

貞顯公少讀書半霖義學,即沈、史之姚江書院也。師友皆宿學名德長者,講求古嘉言懿行、忠孝大節,公輒向往,神志超上,日益詣進,諸老先生咸器之。乙酉,明亡,始冠,有《哭劉宗周百韻》,遂絶舉場,一意爲古詩文,詩祖李夢陽、何景明。文祖茅坤、歸有光,尤好王慎中。爲人直義,效忠敦質,務存大體,屏去機利之事,唯篤孝行。幼患胃疾,體貌寢枯,鬚髮先白。

課塾首重經義,曰:"此起家之本。當念先人九原相待,無泛迂稽誤時日。若立身揚名,光大前業,更有進於此者。"每閱父書,顧先生嘆曰:"汝質本厚,可與向學。惜汝祖早世,所以至此。"又謂:"汝近日非不能作道學語,止欠一誠字耳。"先生或稱說偶當,喜曰:"吾亦知汝持論頗正,但踐履不可不實。"竟十二年,假館石門。歸省母,輒依依牽衣如孺子。遣先生事韓孔當,曰:"入於薄,則忍人而不可為也。習於利,則市人而不可為也。"於時俊推黃梨洲、呂秋崖,曰:"雖無老成人,尚有典型。"臨沒,執先生手曰:"先人經學不可廢。吾遭亂離,舊業未卒。所錄宋、明諸儒,王文成書,魯公先生遺教行業具矣。餘先正古文詩,《左國史記評節》,月峰《今文選》等抄,出自吾意,雖亦學之支流,要當存之,毋用覆瓿。若更自求向上,非吾所及也。"先生涕泣,跪牀下,拜受。(據《五世行略》及《謁毛西河先生書》及張五臯所作《邵立夫先生墓誌銘》)

【考異】 按邵國麟撰先生本傳云:"己酉,父授經嘉禾,往省觀,乃籍桐鄉補諸生第一。顧先生不屑屑制舉業,篤志聖學,旁及唐宋韓、歐古文詞。是時,陳祖法教諭石門,先生屢往質問,所業益進。"嘉禾,今嘉興。石門,今崇德。先生之父,自己亥迄庚戌,皆假館石門教諭陳祖法之家,足跡未逾石門一步。邵氏言"授經嘉禾"者,誤也。且先生請益於陳祖法,即在省觀其父之時。如邵氏意,則若父與陳不相關涉也者,亦誤也。又謂"先生篤志聖學"則可,謂"先生不屑屑制舉業"則不可。先生生於清代,不與其父祖之隱抱遺民之痛者相同。故其父且殷殷以留心舉業為囑。而先生《遺命》亦謂"六十四年中,蹉跎舉場,凡十四科。……於舉業亦嘗究心殫力研磨"。蓋先生本意,非好科名;而欲用世者,不由科舉,則無由出人頭地。何必篤志聖學旁及古文為貴,而究心舉業為諱乎?

庚戌、辛亥間,讀書會稽道墟,教章因培、芬木兄弟。二人持弟子禮,祝撰彌謹。

【考異】 此段本於《章氏宗社序》。原文云:"庚戌、辛亥間,余年二十二歲。"按"二十二",當為"二十三"之譌。

康熙十年　辛亥(一六七一)　先生二十四歲

在道墟,倣《史漢論贊》,著《讀史百則》。友人見而戲曰:"未作紀、傳而先爲論、贊，才方古人遠矣。"先生重爲慚恧。歸正韓孔當師，師忽病卒。同門徐景范夢師曰"允斯文理，全未全未。且教之讀《易》"。旦日，發師遺書，得先生所業編，咸大驚詫。

【商榷】　此段本於《答陶聖水書》，最可信。龔翔麟撰先生《墓誌銘》云："年二十，遊學在外，於經史諸義，有所得，輒手抄口誦，無停晷。而尤究心史學，著《史論》。復訪求宋、元以來遺民軼事，爲記傳以傳之。所爲各體文，皆具古法。"朱筠撰先生《墓表》云："先生少作《觀心錄》一卷。……又撰《明史論》百篇。示景范，景范曰：'未有無紀、傳而作論、贊者。'先生欿然謝不敏。"始吾譜年至此，得二觀念：一、先生自云："做《史漢論贊》，著《讀史百則》，"朱筠則云："撰《明史論》百篇。"亦係論贊體製。今《思復堂文集》存《史論》十篇，亦係擬《明史》論贊之作。因疑《讀史百則》即《明史論》百篇。二、先生自云"在道墟著《讀史百則》，友人見而戲曰：'……'"云云。朱筠誤嫁友人某之言於徐景范。其實景范於韓孔當沒後，乃見《讀史百則》，則朱筠所載，未必可靠。因此，此譜初稿，姑目《讀史百則》爲《明史論》，而疎別朱筠之誤於《考異》，以呈於梁任公師。師謂"現存《史論》十篇，文筆老到，見解精闢，不類少年作品。倘少年有此，念魯先生必不自慚淺陋，而其於史學之造詣，當不止於現存諸書之所有矣。且後人追記之辭，能保其不有影響模糊者乎？"重自省思，疑朱筠所載，既誤以友人某之言嫁之徐景范，則其所謂《明史論》百篇者，安知其非《讀史百則》之誤稱乎？是蓋少作之《讀史百則》，而非今存之《史論》也。龔翔麟所謂《史論》，轉有近於現存《史論》十篇。觀其上下文義，似未確指《史論》爲少年作品，亦未言其有百篇，則似與《讀史百則》之爲少作，非同物也。邵國麟撰先生本傳。有曰："辛卯夏，病膈，彌留，大聲呼中子承明操筆，口授改訂所著《史論》'薛文清'一則，曰：'吾恐長後起君子訾議也。'"薛文清一則，現存《史論》。尚有其文。臨沒而不憚改訂，則其致慎可知。《史論》縱係少作，而歷年改訂，當不下一次，亦既非少作之原面目矣。今兹敬尊師意，不復徵引現存《史論》於此，以昭慎審。

　　韓孔當字仁父，號遺韓，餘姚人，沈國模弟子。其學以致知爲宗、求友改過爲輔。久之自得，兀然忘言，正己率人，狂愚俱革。教學者援上蔡（謝良佐）"透得名利關，是小歇脚處"。及敬軒（薛瑄）舉孟子告景春大丈夫之説，使人有壁立萬仞氣象，如濯江漢而暴秋陽。早歲學於禪，知禪之害。

曰："佛氏與聖人異,大端在君父。"又曰："佛氏意主了死生,陽明子所謂自私自利也。聖人、天地、萬物一體,學者無自狹小。"其居貧長約,敝衣饘粥,終身不改,無向人稱貸事。痛近世吉凶不遵古禮,延僧道,盛宴會鼓樂,風俗既敝,財力亦空。曰："志聖人之學,須從立身處家始。不節用,則取與進退,造次妄投,何處尚有學問?"因出陸梭山《居家四則》,命門人各書一通。曰："能做此,亦自足用,不必出見紛華而悅也。"又曰："《否》《泰》《剝》《復》,乃天行消息。知《易》者惟仁山(金履祥)、白雲(許謙)。"其爲人也怡然退然,中懷無事,大類李延平。病亟,謂門人曰："吾於文成宗旨,夢醒覺有新得。努力察識,擴充此心。簡點形跡,終無受用。"卒年七十三。俞長民繼主姚江書院。(據《姚江書院傳》,參取《謁毛西河先生書》)

【考異】　師卒之年,《答陶聖水書》作"辛亥",《姚江書院傳》作"康熙十年",最可信。《謁毛西河先生書》作"庚戌",當係晚年記憶偶差之誤。

先生自十七歲受業韓孔當之門,稱高弟。近歲旅居外縣,始稍隔離。自孔當沒,衷心皇皇,遽無有依歸。(據《師訓序》《謁毛西河先生書》)

外祖父陳正衎自石門歸,疾終於家,年六十四。(據《外大父陳蜀菴先生墓碣》)

正衎公字嘉仲,號蜀菴。性好梵夾,喜禪悅,閒涉書史。行己方直,能面折人過,亦毅受規諍。爲文好孫月峰《今文選》,獨宗周漢,以百鍊字句爲工。性行忠孝,每宴會集說崇禎甲申、乙酉事,輒俯首,淚涔涔下。朔望詣家廟,申飭家法。祭祀齊衰行禮,終身不改衣冠漢儀,至五十餘,假釋氏巾服。其時文舉業,大有本原。門人經指授,多用取進士高第。潛心性命之學,而於諸儒堂奧,未有入也。及沒,先生爲作《墓碣》。其後又爲外曾祖丹冶公作墓碣,爲陳恭介公作傳。

　　康熙十一年　壬子(一六七二)　先生二十五歲

三年父憂未滿,不應鄉試。(據《遺命》推)

　　康熙十二年　癸丑(一六七三)　先生二十六歲

授經嘉興,獲侍施博(約菴)於放鶴洲烟雨樓。博爲言河北孫奇逢當代真儒,欲遣兒輩負笈往事。因出孫氏《語錄》,大約言"朱子之後,疏爲支離,故陽明當藥之以虛。陽明之後,流爲佛老,在今日當藥之以實。損益盈虛,此理具《易象》中"。先生至是始識儒、佛之分。始識王畿"四無"之近禪。博耿耿故國之懷,先生偶舉成化、弘治名臣諸奏疏請正,納頭便拜曰:"僕愚衰老,幸兄厚自愛,爲世道留意,追蹤昔賢。"先生自是意願漸廣,交遊道雜,勇俠輕非之士,漫相標重。(據《徵君孫鍾元傳》《謁毛西河先生書》《謝陳執齋先生書》《明遺民所知傳》)

【考異】 此段本於《徵君孫鍾元先生傳》《明遺民所知傳》及《謁毛西河先生書》,皆先生作品也,宜可信。朱筠撰先生《墓表》云:"走嘉興,依故人課童子給食。……居數年,一與施博論學於放鶴洲。先生曰:'天泉四言,陽明原本無極之説,儒也。龍谿浸淫無生之旨,釋也。不得以彼病此。'博肅拜曰:'博老矣。惟吾子崇向正學,自愛。'"由其所載,則先生與施博論學,並未受業,殆同平輩而非師生。且博之所以獎進先生,乃爲論四無而非論奏疏,漸與真象違悖矣。

施博號約菴。乙酉,明亡後,常寓家東塔寺,終身長服儒冠。以知明處當爲慎獨切要工夫,與黄宗羲有往復論學書,而心服孫奇逢之爲人。於師承不要苟附,曰:"蕺山其吾師乎?"然未嘗親贄蕺山也。海内稱施先生。爲先生生平二師之一。(據《明遺民所知傳》《謝陳執齋先生書》)

時有號稱講學,以私憾與王學爲難者,方負重名。其徒陳縱、馬彭數造先生相辨難,不能屈,則嘆曰:"吾哀汝所學,誠學汝鄉人之學而已!"先生應曰:"汝尚不知毀日月者之喪明,自哀不暇,而暇吾哀耶?"(據朱筠所作先生《墓表》)

是年尚可喜請撤藩,吳三桂反雲南。

康熙十三年　甲寅(一六七四)　先生二十七歲

讀書會稽陶某之南湖,授其二子文焕、峒經義。自是館於陶家凡六七歲。(據《贈陶克幾先生序》及《陶母章孺人墓誌銘》)

未館陶家之先,避寇入紹興[1],始謁董瑒。瑒詔以"既宗蕺山之人,不可不知蕺山之學"。先生後數年讀書陶家,喜讀蕺山全書。(據《東池董無休先生傳》)

董瑞生字叔迪,更名瑒,號無休,會稽人。明亡後,靳髮緇衣,讎録蕺山《劉子全書》。誡其子,學在居敬。能守《曲禮》,由是而之程朱之門,不遠矣。自蕺山完節後,證人之會不舉者二十年。康熙六年,瑒請蕺山高等弟子張奠夫、徐澤藴、趙禹功等集古小學,敷揚程、朱、王、劉家法。於是黄宗羲、宗炎、毛奇齡、蔣大鴻(字)等皆挈其弟子,自遠而至。值督學使者,按越下縣,會者近千人。越中士習,復蒸蒸起矣。瑒向學之情,老而彌篤,告學者以體用必全,守身經世。嘗授先生以黄本學《陣圖》。學者稱爲東池先生。〔沒年無考,故概其生平於初見之年〕(據《宦者王永壽傳》《東池董無休先生傳》及朱筠所作先生《墓表》)

在董重山所始得見毛奇齡文集,而驚其雄博。重山常爲言越中忠義果敢之士。(據《謁毛西河先生書》《翼明劉先生小傳》)

冬十二月,始合葬父母舊攢,啓殯改櫬,先生痛不能視,踊不成拜。自謂"獨子弱貧,又值山寇薄邑,有類藁葬,冀子孫昌大,更卜吉域"云。(據張五皋所作《邵立夫先生墓誌銘》)

邵元長卒,年七十二。

邵元長字長孺,餘姚人。沈國模弟子。爲人言行無枝葉,意象豁如。嘗稱"古之學者爲己。今無此實心,雖云談道,實長浮競,終身長自暴墮,可惜也"。進門人較量志行,商榷取與,曰:"此外無學。久而益熟,自有異境。須虛心廣見,師古聖賢人。不可安於近今淺薄。在能者自取之。"自沈、史没,諸高第弟子張客卿、蘇玄度、邵以貫等相繼逝,姚江書院中微。而釋氏臨濟宗大盛,高明者輒往濟宗門下,爭詈道學而仇視儒者。同人或不能自守議論,往往出入釋氏。惟韓孔當與元長屹然爲儒者宗主,力扶正學,消邪説。諸狂誕者皆避色去,遂復姚江書院之舊。(據《姚江書院傳》)

是年耿精忠反福建,鄭經助之。(據《東華録》)

---

[1] "寇",原誤作"冠",據下文"又值山寇薄邑"句改。——編輯注。

　　　　康熙十四年　　乙卯（一六七五）　　先生二十八歲

　　應鄉試，不中。（？）（據《遺命》推）
　　四月二十一日，孫奇逢卒，年九十二。（據《徵君孫鍾元先生傳》）
　　孫奇逢字啓泰，號鍾元，直隸容城人。其學以慎獨爲宗，於人倫日用體認天理。嘗言："生平年愈進，功愈密。喜怒哀樂中節，視聽言動合禮，子臣弟友盡分，此終身行不盡者。後生非務躬行，唯騰口説，徒增藩籬，於道無補。"蓋多爲世之紛曉争朱王者下砭也。學者稱夏峰先生。（據《徵君孫鍾元先生傳》）
　　是年清兵代吳三桂於湖廣。（據《東華錄》）

　　　　康熙十五年　　丙辰（一六七六）　　先生二十九歲

　　過董場，塲爲言陶克幾之賢，因三往叩見，退而嘆曰："明末越中處士知大義者，先生及潘子翔先生二人而已。"贈以《序》。（即據此序）
　　耿精忠降清。（據《東華錄》）

　　　　康熙十六年　　丁巳（一六七七）　　先生三十歲

　　妻龔夫人以產亡，適當丁巳恩科，先生以此不應鄉試。（？）龔夫人生一子，殤。繼生一女，後適蔣申。〔其生年皆無考〕（據《遺命》推）
　　【商榷】　龔夫人卒年，無明文可考。以吾推證，非此年則係乙卯年，決不出二年之外。其説詳丙午年《考異》。
　　是年清廷詔内外諸臣各舉博學之士。

　　　　康熙十七年　　戊午（一六七八）　　先生三十一歲

　　返自舉場。祖母孫夫人乃泣曰："吾忍死待汝成立，今老矣，度不能更待，門户將復何持！豈小子不内念祖宗，因循歲月以至此！"先生伏地哭，不能起。（據陳祖法所作《邵魯公先生孫孺人墓誌銘》）
　　吳三桂稱帝，國號周，尋卒。孫世璠襲。（據《東華錄》）

康熙十八年　己未（一六七九）　先生三十二歲

祖姑適孫氏者卒，年七十四。（據《祖姑孫孺人傳略》）

清廷開博學宏詞科，詔修《明史》。毛奇齡等與選。（據《東華錄》）

康熙十九年　庚申（一六七〇）　先生三十三歲

就婚會稽陶氏。（?）外舅陶子良，外姑王氏。自後每年必歸餘姚一次，而家會稽爲贅壻。（據《遺命》及邵國麟作先生本傳）

【商榷】　就婚陶氏，年載無考。《遺命》有"就婚三十餘年"之語，而前妻卒於乙卯，或丁巳。戊午返自舉場，祖孫對泣。則婚陶至早在己未以後，殆可斷言。又自甲寅假館陶氏南湖凡六七歲，在此六七歲之最後二三年內，確已就婚陶氏，觀《陶母章孺人墓誌銘》可知。自甲寅至今年庚申凡七歲，則婚陶至遲不出今年，亦可肯定。陶出長子承濂婚於後年壬戌，承濂有兄，殤。與此亦無悖謬。故婚陶確年不出己未、庚申兩歲。惟究係己未或庚申，則無考耳。

康熙二十年　辛酉（一六八一）　先生三十四歲

春，始遇張五皋於會稽之樊江，相契。

【考異】　壬戌《贈張五皋序》云爾。而張五皋於二三十年後作先生父母《墓誌銘》，云是庚申秋之事，是當年遠記差也。

秋，應鄉試不中。（據《遺命》推）

鄭經卒，子克塽嗣。吳世璠敗死，周亡。（據《東華錄》）

康熙二十一年　壬戌（一六八二）　先生三十五歲

子承濂生。〔承濂有兄，殤。〕（據《後蒙説》之序）

冬作《贈祕湖山人張五皋序》。自謂"既長讀書，頗以經世自負。久而益困，困復振勵。以爲即未得君而事，亦當求友而交。意欲涉江淮，溯大河，徧觀中原，沿漢東下，庶幾一遇天下奇士"云。（即據此序及其題下注）

自韓孔當没，俞長民繼主姚江書院。至是長民卒，（？）先生與諸同志聯名奏箋，請史標承之，標奮然應諾。（據《半霖史顯臣先生傳》）

　　俞長民字吾之，餘姚人。沈國模弟子。義學之立，司文課。月旦講會，發難常數千言。康熙十年，韓孔當卒，嗣舉月會，以文章號召，門士多歸者。每語"今之霖間，昔之河汾也。諸生有能爲董、薛、房、魏其人乎？'爲萬世開太平'，此沈先生志矣"。嘗序刻《陽明王子全集》行世。年八十餘卒。（據《姚江書院傳》）

　　【商榷】　俞長民卒年無考。《姚江書院傳》言長民繼韓孔當，《半霖史顯臣先生傳》言韓仁甫、俞吾之相繼逝，而史標於康熙二十一年繼長民，則長民最遲亦於今年去世也。且長民與邵元長年齒相若，元長康熙十三年卒，年七十二。則長民至是八十餘歲，宜老死矣：故姑目爲卒於是年，以俟考證。

　　顧炎武卒，年七十。（據張穆所作《顧亭林年譜》）

　　先生似未得見炎武，而於其人格甚致景仰。《明遺民所知傳》傳云："長洲顧炎武，字寧人。乙酉後，高尚其事，乃去大江以南，徙家淮、豫、燕、晉，屯田耕牧，尋訪舊人。哀意至則讀書，讀竟輒哭，或不能竟讀。每年登天壽山謁諸陵，有十四陵長歌，名聞海內，奉爲宗師焉。"附跋曰："遺民風節播遠者，無過寧人。蓋其性摯而才足以發之，宜乎後人瞻望而興起也。越人則多沈鬱，亦山川之氣凝聚使然歟？"

康熙二十二年　癸亥（一六八三）　先生三十六歲

　　九月客病嘉興，已不知人，幾死。髭髮咸白。（據《宋中興吳門友人書》）

　　到光相，與黃咸士登快閣痛飲。（據《贈陸卜甌序》，又偶見一書，知光相在紹興城内）

　　作《送紹興通判楊侯擢守上思州序》。（即據此文題下原注）

　　萬斯大卒，年五十一。

　　萬斯大字充宗，鄞人。承父志，不事科舉之學。精研五經，尤邃《春秋》、三《禮》。其《宗法》八篇，師黃宗羲嘆爲超前軼倫。至性剛質，疾惡好義，常如不及。張煌言死節杭州，藁葬荒山。醵金百兩，屏作之封樹。歲

上巳、重九日,必裹雞絮酒拉同志聚哭之。子經,先生晚年嘗遇之北京。(據《明遺民所知傳》及萬經所作先生《傳》)

是年清兵破臺灣,滅鄭氏。(據《東華錄》)

康熙二十三年　甲子(一六八四)　先生三十七歲

正月十八日,祖母孫夫人卒。年七十四。(據《五世行略》《宋中遺吳門友人書》)

孫夫人年十三來歸。明年,姑病,衣不解帶,不入私室者竟兩歲。少警慧,能悉其家世,舉以教子及孫。性明肅,夫婦居室,相對如畏友。終身自奉甚薄,獨明大義,篤任卹。育先生,寢食服用,並有恒節。前五十年中,當盛隆,然自勤勞,無即安時。後二十四年中,遭際陵夷,經歷變化,哭三女、一子、一孫、一孫婦。七十垂暮,僅抱一曾女孫。孫婦陶氏,久贅不歸餘姚。曾孫生三年,未面:皆遺恨也。生平常以"立身貴早,要於孝;喜怒必以類,要於和且平;留意保身,以承先祀"爲囑。先生生六月而喪母,以教以育,皆出祖母。薰陶感化,爲極深焉。

孫夫人子二:長貞顯,先生父。次貞頤,字上由。壬戌燕遊,癸亥還至江西,無確音。女三:長適翁年覲,次適孫浚,次適徐南有,俱早卒。(據《五世行略》及陳祖法所作《孫孺人墓誌銘》)

後作《五世行略》。自謂"祖父母、父母、兄弟無一人在者。大母之亡,撫柩躄踴,形影單子。回念二人(祖母及父)手澤猶新。曼卿之喪未歸,岡瀧之阡難表。日月如馳,冉冉將暮,傷如之何! 瘖寐無爲。斯以知談性命爲虛誣,而慕功名爲夸誕。大本不立,志節奚伸? 故《蓼莪》有鮮民之痛,《小苑》抱所生之恨,以古况今,其悲殆一。恐後生無聞,故略敘先人行事,著其内痛之自,具於篇"云。

他日嘗作《刑部左侍郎梅墩公家傳》《邵氏玉田縣莊記》,皆述其家世者也。後數年内,自述《家訓》《師訓》《友誼》《易數》《文藝》,結撰甚富,並有《序》。(今但序存,文已佚)

八月歸德知府胡國佐書幣至。十一月,合葬祖父母於餘姚。返會稽陶家,獨赴歸德。作《重修文雅臺記》。(據《宋中遺吳門友人書》)

是年不應鄉試。(據《遺命》)

康熙二十四年　　乙丑（一六八五）　　先生三十八歲

　　在歸德郡塾，委蛇混俗，非所好也。閒暇無事，輒與陶子千俯仰憑弔。
　　陶子千，先生生平三友之一。勸善不倦，施惠不怠，存没可信，以要於成，先生與之交尤篤且久。〔其字號、生平未詳，籍貫則似係會稽〕（據《宋中遺吳門友人書》與《友誼序》）
　　自渡淮以北，覺精力可用。間亦試之鞍騎，與北方之果蓏黍麥猶足相勝。（據《宋中遺吳門友人書》）
　　有《宋中遺吳門友人書》（原注：乙丑作）。謂："往在姚中，憶有厭薄道學之説。長兄真學道人，能爲此語。然自是關氣運衰盛。自漢而下，治不復古，皆因苟就功利，逢迎時務，鄭侯、留侯將無應受其責。凡事極盛，自難爲繼。《六經》既明而有《美新》，《四書》既出而有《訓詁》，經義制科而有講章，道學實繁而有名士。今之修飾邊幅，號主講席者，皆名士也。若並惡道學，則不可矣。"
　　又有《代湯斌壽河南巡撫王公序》《重修文雅臺記》。（據原題下注）
　　春夏間，次子承明生於會稽。

康熙二十五年　　丙寅（一六八六）　　先生三十九歲

　　在歸德。因清廷詔訪天下遺書，作《擬徵啓禎遺書謝表》。（？）其略曰：

　　　　伏以筆削紀前朝，賞罰出大君之命。是非明異代，文章持萬世之公。事慮久而漸湮，徵求宜豫。道與天而均重，編次非輕。古者一史自出於一人，或以父子而世其業。後世衆傳分成於衆手，至以崇卑而監其官。馬遷分散數家，刊落猶多未盡。范氏淹通後傳，條例且虞過煩。《晉書》經瀛洲之十八士而始成，《宋史》（？）費歐陽之百萬言而尤難。辭之煩簡以事，文之今古以時，固欲自成一家之體。然述一事而先後不同，紋一人而彼此不同，遂至踵壞百代之書。又況周臣不立韓通，國嫌宜愼。唐錄難私張説，公道誰明？魏則爲王，蜀則爲寇，名儒且與陳壽同譏。按之入地，揚之上天，何物敢與魏收作色？總之，本朝自尊其人物，多稱賢者而不列小人。若夫後王追定其權衡，當討大夫而并及天子。

　　有明……一代無奇功,故百姓蒙其休養;累朝多教澤,故縉紳皆重廉隅。第正〔德〕、嘉〔靖〕以前之書,足徵文獻。〔天〕啓、〔崇〕禎以後之事,半散冰灰。〔蔡〕伯喈之逸才,恐其亡形江海。〔鄭〕所南之《心史》,亦虞緘襲金函。若不及此蒐羅,何以終其條貫? 紀、表、志、傳("傳",原誤作"得"),當如班椽〔固〕之精嚴,毋仍〔谷〕應泰紀事之體。予奪貶褒,願學〔朱〕文公之平恕,勿等李贄續書之偏。"臣等向未窺中祕之藏,早留心於著作。今幸值承明之選,反汗面於編摩。因思作史之難,非獨其文不易。以〔韓〕昌黎之强直,尚避譏彈。如廬陵〔歐陽修〕之博通,猶辭參閱。所以野史得行其獨見,而素心難證於同修。宜開忌諱之門,大肆專家之學。伏願除俗弊而布寬政,若明〔太〕祖之聽劉基;無欲速而致太平,法〔明〕孝宗之用〔劉〕大夏。復建文之號,不必别立革朝之名。存宏光之年,使得概從亡國之例。"……

【商榷】　此文作年無考,吾初疑其非少作,或係晚年旅京,因萬經在史館有感而著其辭。嗣於篇末主張"存宏光之年,使得概從亡國之例",則斯時清廷猶未允存宏光之年也。考七年前己未,清廷詔修《明史》,已許福、唐、魯、桂四王附懷宗紀年,先生至此後三年己巳,始知其事。故此文必作於己巳之前;非在己未以前,亦非晚作,可肯定也。擬體必有所感而爲,不必必見真事,與代人擬作不同。故姑附之詔求遺事之年,以俟考證。又篇内"《宋史》"二字,當係《唐書》或《新五代史》之訛。歐陽未嘗作《宋史》也。

　　又有《代歸德胡明府徵文啓》。

　　是年清兵伐俄國,圍雅克薩。(據《東華録》)

　　冬,作《陶母章孺人墓誌銘》。陶母二子:文焕、峒,即先生自甲寅迄庚申所課之弟子也。此《墓誌銘》有曰:"誌人之墓,而期於信而有徵,雖古人以爲難也。有其不信者,且并疑其所信。夫揚人之善於身没之後,而不能信其文以及於可傳,見之者束勿覽,而立言者亦自以爲酬用之作,不足留集中,藁甫成而輒削之。然則今之所爲銘狀如此,不亦舉可廢歟? 今之誌陶母章孺人則不然。孺人之夫子,於余爲執友;其二子,嘗授經義;而余之妻,於孺人又爲姪:兩家欣戚與共,余之知孺人也宜悉,而爲我友誌其内也,宜不敢以即於欺。……"

【考異】 案此文題下原注"戊辰"二字,似係康熙二十七年所作。但文中有"丙寅冬,余客雪苑。陶子寓書曰:'吾妻亡……惟吾子誌之。'余嘉孺人之名德,又陶子所以交余者,孺人之輔爲多,其何忍以不文辭"云云,則丙寅即已作此文,不待戊辰也。

康熙二十六年　丁卯(一六八七)　先生四十歲

自歸德返會稽,病於外弟陶士偉書室。(據《遺命》)

應鄉試,不中。(據《遺命》)

秋,始偕妻陶夫人歸餘姚舊宅,旋回會稽。(據《五世行略》)

湯斌卒,年六十一。

斌字孔伯,號潛菴,又署荆峴,睢州人,官至工部尚書。其學宗仰陽明,不爲當時程朱學派所憚。先生近年頗與之交遊焉。(據《代湯睢州壽河南巡撫王公序》及彭紹升所作《故中憲大夫工部尚書湯文正公事狀》)

康熙二十七年　戊辰(一六八八)　先生四十一歲

將軍施琅振旅臺灣,過杭州,遇先生於西湖,相與縱談沿海要害,奇之,請與俱北,先生謝不行。(據施德馨所作《施襄壯公傳》、朱筠所作《邵念魯先生墓表》)

康熙二十八年　己巳(一六八九)　先生四十二歲

課徒於語溪沈氏之南雅堂。(忘其出處,待考查)

自癸丑遇施博,勉以經世事業,獎許甚至。意願日廣,交遊漸雜。至是乃自悔先人醇厚之轍,豈宜頓易?退與樸茂者居處,重理初志,欲肆力於史,而草茅饑凍,不能自振。一代浩繁,茫無措手。躊躇瞻顧,見馮再來《隨筆》云:"己未,上勅史館,奉有福、唐、魯、桂四王許附懷宗紀年之命。"因著手撰輯《西南紀事》一卷。中間抱病,又迫生徒課業,未得一心編錄。(據《謁毛西河先生書》)

欲取姚江書院往蹟，勒成一書，久而未能。是年冬，偕同人請董瑒爲諸先生立傳。瑒曰："書院之立，所重惟學。諸先生之學，余聞之夙矣。抑其制行之卓，語言之妙，子其裒次以佐余討論所未悉。"先生因於笥中出祖父曾可公所手輯《義學緣起》、《院規》、《請益教言》、《稽古》數十則，並俞長民《學要徵略》呈瑒；瑒乃即舊本所載，合之《劉子全書》，洎於譜、志及諸門人之稱述諸先生者，博採而慎收之。凡帀月中，成大傳六，小傳十七。復爲之記，並條次諸先生所著序言、紀事爲上下二卷。總名之曰《書院志略》。（據《刻姚江書院志略端由》）

是年元夕，黃宗羲會講於餘姚姚江書院。（先生當然參與，但無明文可考）（據黃炳垕所著《黃梨洲先生年譜》）

康熙二十九年　庚午（一六九〇）　先生四十三歲

春，餘姚知縣安邑康如璉大新學宮。復募完葺書院，出其祿修前楹先師堂。月吉親詣，縉紳大夫濟濟一堂。小子鬐髦，歌趨以和。耆人聚觀，莫不愴泣。方迎新主，鳩工度後樓。秋，大潦饑，工輟。（據《姚江書院記》）

董瑒既撰《志略》，猶未厭意。命先生返餘姚，再蒐書院往蹟，同人無以應。先生仍繙先人存稿，復得沈、管、史、韓四先生遺大父書，及趙不疑與邵安元欲爲沈、管兩先生立傳書，《學會質疑》諸紙。既又得孫少保、楊中翰與管、史兩先生唱和詩札，邵得魯與邵奠維《始創義學緣起》。瑒因以增訂《志略》，《志略》遂成。先生等出貲刻之，作《端由》。謂："於以起文成之絕脈，並闡蕺山之微言。蓋是書非一邑之書，而天下之書；抑非一時之書，千百世之書也。采竊心喜，以爲祖父所欲成而未及爲，二十年圖之不遂者，一旦得受成書於隱君〔董瑒〕，何幸如之。既又念大父貯明儒書甚富，自文成王子以下，〔徐〕曰仁、〔錢〕緒山、〔鄒〕東郭、〔歐陽〕南野及蒙泉燕詒之錄，靡不鉤串提要。每月學會，必手書先儒語，共相問答。……大父之於學勤矣！王子有言曰：'程、朱沒後，師友道亡。'夫師友之道亡，則學亡；祖父之澤亡，則師友亦亡。世有念師友而思祖父者，諒不以是編謂余小子擅也。《略》之云者，隱君曰：'此亦因所見而粗集其梗概耳。其諸未備，冀有心院事而深契諸先生之宿昔者，爲加詳焉。'"

應鄉試，不中。（據《遺命》及《前上慈谿方明府書》）
作《翼明劉先生小傳》。（據題下注，又見於《東南紀事》）
冬，以先塋被侵，涉訟慈谿，未經讞結。（據《前上慈谿方明府書》）
清帝親征噶爾丹。（據《東華錄》）

康熙三十年　辛未（一六九一）　先生四十四歲

又大病，荷外弟陶士偉以生。自後或一年，或三四年，無不病。病多在夏秋之間。（據《遺命》）

冬，讀書陶氏鏡佩樓。新病初瘥，嬾事制舉業。閒取架上《詩傳》授長子承濂。承濂亦病纔起，輒又病，不能竟讀，或半日一讀一輟。陶君笑謂先生曰："吾子與先生子才頗相當，年與病又不相下，業專《易》矣，且業《詩》，懼不勝，盍節略以爲易受地乎？"先生於是晨夕講誦，隨手抄錄。月而積之，得《豳風》《豳雅》《豳頌》爲一帙，鄉飲酒升歌《鹿鳴》至合樂返《雎》爲一帙，《郊廟樂章》爲一帙，《戎祀燕享》之類爲一帙，周自后稷迄於文、武先後世系爲一帙，宣王中興之詩爲一帙，衛武公三詩爲一帙，十五國風正變爲一帙，《魯頌》《商頌》又自爲一帙，凡十卷，得三百篇三之二焉。十月錄成，授承濂及陶子金鐸，名之曰《詩經兒課》，並作《小引》。（即據此文並參取萬經所作傳）

承濂方十歲，次子承明方七歲，先生作《後蒙說》以教之。其要略曰：

……欲傳聖人之道，不可以不知聖人之學。

……所謂學者，學賢人，學聖人，必以孔子、孟子爲師。孔孟之道，孝弟而已矣，仁義而已矣。不愛親，非孝也。不敬長，非弟也。居心殘忍，非仁也。處事失宜，非義也。非孝、非弟、非仁、非義，非人也。所謂學者，學爲人而已矣。小子識之！

欲學爲人，須識人倫。人倫有五：父子有親，君臣有義，夫婦有別，長幼有序，朋友有信。天命之性，生來有此五者，所以異於禽獸而爲人也。庶民去之，斯爲禽獸；君子有之，斯爲聖爲賢。"唯天下至誠爲能盡其性"，盡此五者之性也。"經綸天下之大經"，經綸此五者之經也，親、義、序、別、信，要而言之，止是一誠。故誠於事父，即孝子矣。誠於事君，即忠臣矣。誠者，天之道，乃天命之性。思誠者，人之道,則復性之功也。三代之學,皆所以明人倫,明此而已矣。老、佛二家,離卻經綸大經,高言立本知化,所以都無根蒂,全屬虛假。先儒言:"其用誤者,其體未有不差。"又曰:"未識人倫,焉知天道?"此聖賢之真傳也。

　　人有性、有情、有才。性善則情亦善,才亦善。愚夫愚婦皆有性之人,即皆有才、情之人。但人之才、情,當用之於忠孝,不當用之於詞章藻繪。漢之諸葛武侯,唐之郭汾陽王,宋之岳忠武王,文文山丞相,有才、情之人也。宋之施全,明之補鍋匠、東湖樵夫,亦有才、情之人也。何也?忠孝節義,各率其性,無大小一也。"鞠躬盡瘁,死而後已",武侯之所以爲武侯也。克復二京,夷險一節,汾陽之所以爲汾陽也。全師歸朝,恪共君命,忠武之所以爲忠武也。求仁得仁,抑又何怨,文山之所以爲文山也。是數人之豐功烈行,與愚夫愚婦之與知與能,一而已矣。是真有才、情之人也。彼文家之司馬相如、揚雄,詩家之沈佺期、宋之問,立身一敗,萬事瓦裂;而世方以才人、情人目之,亦見其惑也。有志之士,寧樸無華,思力返其天真,不苟同於時好,毋爲世之稱才、情者所惑。庶幾養一身之元氣,以培祖宗之元氣;且合天地之元氣,盡性至命之學,何必不在是乎?《易》曰"保合天和",此之謂也。……

　　聖人之學在躬行,讀書其一端也。然欲發明心理,知古今,識事變,濟時行道,揚名顯親,自非讀書,皆無由致。故程子曰:"進學在致知。"朱子曰:"讀書,起家之本。"……

　　讀《論語》者,須先識仁。"己欲立而立人,己欲達而達人",仁之體也。"己所不欲,勿施於人",仁之方也。"克己復禮,既竭吾才",顏子之勇於仁也。"以爲己任,來而後已",曾子之弘且毅於人也。此顏、曾二子所以得聖學之傳,而仲弓、子貢以下諸賢莫能及也。

　　博施濟衆,不欲無加,終身可行。"夫子三答子貢,皆教以強恕求仁,教仲弓亦如此。"

　　千聖之學,"人心惟危……"四言盡之矣。孟子之不動心,所以持人心之危也。其曰性善,則所以明道心之微也。後世商鞅之變法,李斯之助虐,王莽之肇篡,揚雄、王安石之僭經蔑聖,皆由一念人心之危而熾。堯舜三代之治功,濂、洛、關、閩之學術,亦由一念道心之微而開。吁,可畏哉!

讀《學》《庸》者,須先識誠。誠者,天道也。人必學天,方盡人道。故曰:"無所為而為之為天理,有所為而為之為人欲。"不怨不尤,下學上達,合天人而貫之者,其誠乎?未發之中,誠之復也。中節之和,誠之通也。天命之不已,隱然行於喜怒哀樂間,人自日用而不知耳。所謂體物而不可遺也,是誠之體也。君子知其在我而畏天命,故戒慎不睹,恐懼不聞,養其中以生和氣,極其至而天地位、萬物育。求誠之功,皆於未發處實用其力。未發一差,見於七情,動於九容,施於百行,無不差者。故曰:天下之大本也,所謂獨也。慎者,慎此而已。蕺山劉子以意為心之所存,非所發,雖與朱子異;然按之經文,印之先儒,其說皆合。千聖萬聖,從事之途,未有不從立大本起者。若以所發言,而曰:"欲正其心之本,先誠其意之末",其途之相去不亦萬里乎?……

先儒云:"欲知顏子所樂何事,當先知顏子所好何學。"夫子自言"樂以忘憂","樂亦在其中矣"。七十子之中,獨稱"回也不改其樂"。自言"不如丘之好學也"。七十子之中,獨稱"回也為好學"。孔、顏同為此學,即同有此樂也。故曰:"惟我與爾有是夫。""好之者不如樂之者",樂固是學問盡頭。曾點已見大意,是見及此;顏子直詣及此矣。漆雕開"吾斯之未能信",是篤志從事乎此者,亦尚在好之界上。然工夫切實,點或反遜於開。觀其屢以哂由為疑,是自家信不及處。

畢竟如何好學?曰:"食無求飽,居無求安,敏事慎言,就正有道,如此之謂好學",更約其實,則一言以蔽之,曰:"主忠信而已矣。""必有忠信如丘而不能主",所以不免為鄉人;而主忠信者,可以為聖人也。忠信即誠也,天之道也。主忠信即思誠也,人之道也。忠信即"道心惟微"也。不主忠信,則物交牽引,必有非所主者,即所謂"人心惟危"也。何以主之?曰"博學之,審問之,慎思之,明辨之",是精以主之;"篤行之",是一以主之。

《孟子》七篇之中,歷敘道統者三。《幾希章》言人、禽之關,吾心存亡之所由繫也。《好辯章》言治亂之運,世道存亡之所由繫也。末章見知、聞知,則自堯舜以至孔子而後,孟子直自任一個人矣。要之,此道非知不開。故伊尹曰:"使先知覺後知,使先覺覺後覺。"予天民之先覺，能覺則能存此幾希，始見惟人萬物之靈，有以異於禽獸。彼庶民去之，直不知不覺，嗞然與鳥獸伍耳。然業以先覺自居，則此身便與世道相關，故伊尹幡然應湯伐夏救民，禹抑洪水，周公誅紂伐奄，孔子作《春秋》討亂賊，孟子距楊、墨，皆是此意，旋轉乾坤，功業從幾希中做出，即從知中開出，方是聖賢之出處，有體有用之學。萬物一體，生來原是如此，不容絲毫虧欠。此之謂能盡其性，盡人性，盡物性，贊化育，參天地。……

凡講書都要從"天命之謂性"句看下來。大學之道，在明明德、新民。德與民皆受於天，故能盡其性，則人性、物性合下俱在內性之德。合外內之道，不得分明德爲內，新民爲外。"修己以敬"，即修己以安人、安百姓，自是歇手不得。性至是，不離乎氣，而實不雜乎氣；純乎天理，而無人欲。故明明德、新民，皆當求盡天理，而無一毫人欲之私。孟子願學孔子，不安於具體而微諸賢，以其明明德之未止於至善也。治不若唐虞三代，而僅如漢之文、景，唐之太宗，宋之仁宗，明之宣、孝，新民之未止於至善也。故止於至善者，所謂窮理盡性以至於命，人而天矣。

一切學問工夫，都不論未事臨事，總無可間斷。以存心之功而言：靜時存養，動時又要省察。以致知之功而言：平時考究，臨事又當研審。如"子入太廟，每事問"，可見。……

新民止欲民共明其明德，故下云："欲明明德於天下。"剛柔緩急，民之氣稟異矣。飲食男女，民之大欲存焉。聖人制禮樂刑政，以平其氣稟，節其嗜欲。人心風俗，歷久必敝，如琴瑟之不調，必解而更張之。其大者，井田以養，學校以教。至世變風移，教化浹而王道成，則新民之明效也。

學文以明其理，修行以踐其實，主忠信以立其誠，心行合一，知行合一，是夫子之教。

文是言語、文章，明道之事，非求工於言語、文章者所能也。夫子刪《詩》《書》，定《禮》《樂》，贊《周易》，修《春秋》，其大者也。孝弟忠信，一一體諸身而盡其精微之蘊，爲法天下，可傳後世，是爲躬行，君子行道之事也。……

偶教濂兒小成卦畫。問："畫卦自下始乎？"曰："然。天下事無不從實地起者。如築室之有基，如立苗之有根。故曰：'孝弟也者，其爲仁之本歟！'行遠自邇，下學上達，皆是此意。其職則子臣弟友，庸德也。其功則戒愼不睹，恐懼不聞，養未發之中，立天下之大本也。如此方是《中庸》之學，無聲無臭，至矣！此之謂下學上達。……畫從一起，圖從中起，故學貴知本。……""有不善未有不知者，顏子也。若決江河，沛然莫之能禦者，舜也。顏子見得善惡分明，舜則渾然皆善，微有先後生熟之別。'三人行必有我師'，要識主善爲師意。劉子《人譜》云：'無善而至善，心之體也。'師者，師此而已。故曰獨知主之。'擇'字下便著'從'字、'改'字。此是愼獨實際。此是致良知實際。……"

　　作文如用兵。練意，練格，練詞，皆在平日。平日不辦，何以應猝？故將與敵習，臨敵易將，是無將也。……凡人於題，必有所短。……善用兵者，避吾所短，用吾所長，則前無堅敵矣。又必能正而後用奇。……亦有不持寸刃，御不習之卒，遇大敵而輒克者，忠義之氣勝也。……故知見性者，又作文之本也。

是年又作《閱史提要》一篇。篇首論經史之異同曰：

　　《六經》中之《尚書》、《春秋》，經而史也。自《春秋》後，宋司馬溫公採十七史編《資治通鑑》，朱子因之作《綱目》……史而經矣。

次言讀史之法與讀史之益曰：

　　讀史者，當閱《綱目》，然後是非審而條例明。童子始學，則先記時代之先後，更識歷年之長短，而以次求之上下古今。日積而多，可以開廣聰明，拓充志氣。

以下便略述唐虞迄明之始末，蓋爲學童説法也。（即據《閱史提要》）

康如璉去餘姚，書院弟子請於新令，冀更修書院後樓，不果。有撓其議者，曰："既作泮宮，書院宜後。"先生闓之。因感慨歔欷，作《姚江書院記》。有曰：

　　夫書院輔學校，宋以來有之。自帖括義興，學校之設，名隆實微。若夫求論幾深，徵覈日用，動靜有養，德藝不遺，其人其學，多出書院。書院得人，皆學校光。夫成己成物，紹往哲，開來者，不在上，則在下，不在父兄、先生，在其子弟。當仁不讓，此吾黨責也。況諸先生經始養士之意，其又何可没？因感慨歔欷，爲志其興替如是。……

【考異】 此文因闈反對之論而作,自非此年不爲。若韋鍾藻既至餘姚,則無所用其欷歔矣。原題下注云"丙子所作",實誤,不知係誰所注。

頃之,黃岡韋鍾藻知餘姚縣,大開義學,延邑中士,稽論文藝,月季親詣臨之,簡不率者而登其率者。(據《姚江書院後記》及《復韋明府啓》題下注)

清帝受喀爾喀諸汗之朝於塞外。(據《東華錄》)

康熙三十一年　壬申(一六九二)　先生四十五歲

陸隴其卒,年六十三。

陸隴其字稼書,平湖人。以進士歷官嘉定、靈壽兩縣,多惠政。其學以居敬窮理爲主,力闢王守仁爲禪學。崇程朱者翕然宗之。(據柯崇樸所作《行狀》)

康熙三十二年　癸酉(一六九三)　先生四十六歲

陳祖法(執齋)歸自晉州。先生遵父遺命,求作祖父母《墓誌銘》,因執所業請益。語及父祖,輒流涕。祖法凝眸久之,曰:"邵氏有子矣!"教曰:"君於古文詞,能爲大家必傳之業。慎勿近名,近名者名亡。"先生嘗從黃宗羲受史料,祖法不以爲然。既別,又遺書先生曰:"某君(指黃)文藝,位當高置;而足下津津道譽,似不僅服膺其文者,吾所不取。足下著筆,宜爲將來徵信,而是非倒置,可怪也。"(據《陳執齋先生墓表》及祖法所作《邵魯公先生墓誌銘》)先生復書謝之曰:

……託梨洲先生評語,誠係好名逐外,凡此隱微,咸願洗滌。十餘年前,嘗以《讀史百則》呈正黃先生,後又蒙授《行朝》一編,殷勤提命,難忘是恩。立名真僞,學術異同,海內後賢,自有定論,吾黨不任其責。至於隨事得師,虛心廣見,何德不宜? 傳曰:"高下在心,瑾瑜匿瑕。"若近梨洲門庭者,便謗晚邨;依晚邨門庭者,專毀梨洲,且非毀陽明以和之。先生以其人爲何人也?

癸丑,寄讀禾城,獲侍約菴施先生。前後二十年,則侍先師遺韓韓先生。采所師事,惟二師耳。今皆即世一二十年矣!

道喪文敝,風俗人心,漸滅無餘。天下皆奉時文爲經傳,以講學爲聲名,穢污垢鄙,不可袯濯。比年以來,并是兩者,未之或見。矜其捷足,明明奔走於苟得之途,非先生峻厲之氣、直慤之衷,孰能把而清之、扶而正之?……更若恢宏大度,兼受衆聽,使慕義而來者,易知易從,非先生誰望耶?(即據此文)

晚邨者,姓呂,名留良,字莊生,又名光綸,字用晦。善屬文,與張履祥等發明程朱之學。明亡後,著書多種族之感。削髮爲僧,取名耐可,字不昧,號何求老人。(據《中國人名大辭典》)

秋,慶鄉試,不中。(據《遺命》及《前上慈谿方明府書》)

慈谿太平湖陽先塋又被侵,因走慈谿伸訟。會知縣方某公幹赴郡,乃走寧波叩見。久之未晤,上書方某。自述其現狀曰:

采……在泮二十五年矣。足未登長吏之庭,日記數千百言,口囁嚅當事之問。上無寸椽,下無塊土,窮年坐讀。曾祖以下,僅有同祀兩弟,今去其一。四世二身,貧而兼病,零丁不堪。妻孥旅棲會稽;先人時祀,未有所屬。憂心如焚,瘖瘱涕泗。食口十餘,獨藉硯田。一日臥病,十口無依。……(即據此文)

方某諭以"尚宜讀書",不克訟而歸。往來甯、紹兩郡,凡四閱月。餘姚諸賢,皆以此爲先生遺憾。(據《後上慈谿方明府書》《與人索米書》)

十一月,史標卒,年七十八。(據《半霖史顯臣先生傳》)

史標字顯臣,餘姚人。沈國模弟子。始國模紹陽明之學,高明醇篤,渙然冰化。天童密雲悟欲羅致之。國模不肯,曰:"吾是儒者戶庭,特與師爲方外交,必欲引之入釋,是信道終未弘耳。"密雲亦不敢強。國模乃歸與管宗聖、史孝咸、史孝復建姚江書院於半霖,從遊者至六七十人。其教以求仁當下直證良知爲宗。惟山陰王朝式、餘姚張廷賓深契其旨。而史標英才妙思,於同門中年最少。請益之下,神明頓悟。國模顧而喟曰:"知吾學者,此子也。"丙戌後,侍國模退居石浪。又嘗入雪竇妙高峰,坐溪流中,觀雲起月高,三年不出,學益邃詣。康熙二十一年壬戌,繼俞長民主書院。自爲諸生,數十年以經義、舉業指授學者,多所開誘,因文而進之於道,至是欲正者翕然。尋患足疾,卧小樓三年,門人羣就榻前來問學。標津津提告,神氣愈勁。臨革,問何言,曰:"此事何處安排耶?譬操舟入海,但將柁把定,不顧波濤洶湧也。"安坐而逝。先生後爲作《傳》,稱其"學識超邁,而言動守規矩。居家應事,不隨不激。引遇後進,一以純誠。……淡於利欲,勇於任道。流風餘澤,姚人士至今思之"。(據《半霖史顯臣先生傳》。原文"康熙二十二年壬戌",誤,今正)

韓孔當之弟子徐景范繼主姚江書院。(忘其出處,待查)

康熙三十三年　甲戌(一六九四)　先生四十七歲

是時已有四子,仍僑家會稽陶氏。老病侵淫,鬚髮盡白[1]。(據《後上慈谿方明府啓》)

以先塋涉訟,再走慈谿。有《後上方明府啓》。篇末云:

采幼遭不造,坎坷未遇。然生平自命,不肯後人。尚思專意爲古文詞,遠窺班、馬之堂,近探韓、歐之室。師臺不以菲,擯之門牆之外,使得隨陪間譏,翻卷卧聽,未必不少有裨益。倘更關邦家興廢。典禮考究,亦欲虛心諏度,集成一編,以附稗史之末。……(即據原文)

餘姚兩歲大水,稻蟹不遺。有《與人索米書》。自謂:

僕幸附邑里,行微能薄;以誦讀爲耕農,無少休舍;家無四壁,寄孥戚黨,歲入不足以贍朝夕。少遭凶閔,未艾而衰。四子皆幼,正在就傅。自顧頗與世俗不相宜,而心希古人,好效顰其著述,坐是日益困落。計其家貲,豐年猶長歎也。……

僕神宇未暢,言論風采,不足以動人。然胸中頗含蓄留意古今之事,擬之於先民,誠不足比數,若猶自近時而論,此亦姚中所希矣。而使之饑餓不能出門戶,執可貧不可賤之説,而不以情告於賢豪長者之前,亦見其果於自賊,薄於與人,諒而不可爲也!……(即據原文)

陶聖水(字)遺書先生,以史事相推,且欲執贄黃宗羲求師天下。又自周、秦、漢、唐、宋、明古文源流正變,一一詳詢。先生嘉其意,復以長函。(據原文題注及小序)首謂:

君志古進取,不安於時,欲從當世之賢人君子遊,意甚厚。言必

---

[1]　"髮",原作"鬢",據邵廷采《思復堂文集》卷七《後上慈谿方明府啓》改。——編輯注。

稱父師,仁孝之情,邑邑何已！僕求友於里中豪俊有志行者,而難其人也。今乃得之,則何敢匿其芻蕘之千慮,不一出以求正？

僕少違父祖教訓,學問未加,氣質卒難磨礱。兼以遭際迍邅,乍進乍退,奄忽四十七載,迄以無就。至於文章一道,夙罕專宗,老師、宿儒羅布天下,不克負笈往事。即如梨洲先生,託處同邑,亦未執贄。年來益復放廢,知交零落,無所切劘,得過日多。自分永棄鄉黨。不意辱承惠問,過相推重。私心疑足下之誑我,何獨背流俗之所謂清議,而有取於此？抑氣類所感,取舍自持？僕内愧雖非其人,不敢不因吾子之望,勉進於善。吾子之賜於僕,豈淺鮮哉？

此下略述生平對於史事之興趣及事為,即繼之曰：

夫文章有本有原,況於史事尤非易。至才如馬、班,亦賴家有賜書,祿賜充斥,交遊豪俊,到處逢迎,繕書之手,賓從滿座。且猶父子再世,弟妹（原誤作姊）繼出,僅乃卒業。今或不自度量,取此自程,學識未充,形勢又逆,雖勤奚濟？

此下略述唐、宋、明文章家數。又曰：

足下既志古,不安於時,務追古之立言者：體則根於道學,用則擬諸世務。雖未即實見之行事,亦必能口誦而心運之。然後發之於文,精微而弘博,剴切而開明。

今來教所云"高自位置"及"強作解事"者,其人大抵厭薄道學、簡遺世務者也。氣運之不復久矣！四十年來,後生不獲接先民矩矱,恥為淳樸,競為輕剽。佛、老之後,將復繼之以申、商之禍。蕺山劉子嘗言之流涕,歷今益驗。其一二老成尚在者,倦於荒耄,轉習圓熟,以取容時俊。倣模無目,議論俱空。舉世皆然,何獨一鄉一邑？有志之士以憫憂世道為意,不足屑屑與之較量。但使舊人遺老操尺寸之柄,示以趨尚。十年之內,此習又將自變！

且吾越中,自文成王子倡明絕學,橫山、緒山、龍溪、彭山講述兹土,洎乎劉子集諸儒之成,流風餘思,至今未歇。以故後生稍有知識,尚多激發。孟子稱"私淑諸人",其人不必過於後人,要其綿綿延延,尋已墜之緒於千百之什一,不可謂之無功。而天未喪斯文,應有傑者起當斯任。庸可高自位置,不急引進？

事固有前不必承之祖父、受之師,後不能私之子若孫,出而求之弟子。若一人而前後之責交迫,則其樂誠大焉。然古人於此,不以爲樂而方以爲憂。憂夫吾之行未成,德未立,終其身煢煢若無所歸,無與副前後之望,而以傳之師者發之弟子也。是二樂者,兩遇之,兩失之,其可乎?

　　足下能自得師,無以求師之篤而漫於執贄。顏子陶然陋巷,與太史公周行天下,所得孰多？古人晚而著書,非關世道,決不苟作。故凡内之不足而假之於外,道之不勤而爭於文,此在先哲有以爲恥者,不可與文士言也。僕欲足下不以文士自限,又懼無以答足下之意,故敬述向之聞於師者爲足下告。要之,於僕之身固無所得,足下得無笑其言之失實已乎?（節錄原文）

以所爲文呈政叔祖得愚(字),因請指教。(據題下注,知係此年)七月,得復書,略曰:

　　細讀記序,明潤雅暢,意近歐、蘇,傳志幾入班、范,快甚。老人抱鬱弭口,不説文字者久矣,裨益不尠!

　　吾邑自孫司馬〔鑨〕本歷下、瑯琊倡明古學,先君子與桐柏先生實或承之,呫嗶家始知有秦漢之文。厥後不專於文,而勤於討論,則姜重海先生。款緒風而規隨勿失,獨呂秋崖耳。

　　愚幼失學,常聞長老先生言:"文貴鍊,鍊則潔,而峭,而簡,味腴而氣厚。譬如金銀出礦,必經火鍛而後寶色璀璨。非然,雖材勿工。"又言:"不讀《尚書》《左傳》,不曉鍊法。鍊篇,鍊調,鍊句,鍊字,慎思勿措,久而入妙。"吾嘗讀《禹貢》敘述九州山川、田土、水道、貢賦、産植,後人充棟未了,不千餘字而眉目較然,斯何道歟?

　　吾輩爲文,病於好繁而不能簡。秦漢長文如屈原《離騷》,太史公《報任少卿書》,賈誼《治安策》,累數千言,繁矣,然而無句不簡。以簡用繁,斯多多益善也。即如用兵,必自一人始;以至於千百,步伐止齊,仍一人耳。鞭子玉之三百乘,錯綜王翦之六十萬,則茅勁如一,五花八門,無不可矣。不然,其不爲孟德之赤壁、苻堅之淝水者,幾希。

　　子曰:"辭達而已矣。"吾輩爲文,每患勿達。複詞疊句以求達,終勿盡達。《易》曰:"修詞立其誠。"詞之勿達,要亦誠之不立乎! 古人才稟英靈,胸中具有一篇大文字,揣作發揮,淵泉波折,匠心裁古,自然可傳。今人得題,始尋議論,撼拾典故;且以書生心眼,時文聲調,捃綴成篇。護惜疵瑕,好自矜詡。享敝帚以千金,襲碔砆而拱璧;修詞如此,誠乎否耶!……

古云:"文以氣為主。"然吾謂必以識為先。蓋識高則寄想曠儁,不落常徑;發言樹論,本經術,合聖理,足垂世教。且識高則品卓。他不悉數,即近代空同、大復、于麟諸公,皆風骨矯矯,不苟逢世;以之操觚豎議,即文弗盡佳,猶以人貴;況迥出藝林,俯視人表者乎?近日錢虞山,則又人以文存,未可概論。吾輩文過蒙叟可也,若立品則當以古人有志節者自期。由此言之,非特文貴鍊,人益當鍊耳。

嗟乎!兵戈饑饉,垂五十年。儒者不坑而靡,卷籍不燒而盡,先賢之文采風流,澌滅莫問!至今日而沾沾於蓬蓽破竈間,抵掌而談舊學,豈非癡絕?雖然,神而明之,存乎其人。念魯足下,本從祖父為儒者之學,今又沈浸千古,不欲苟以經生自處,宜子文之日進而不能量其所至也!……(即據此文)

餘姚知縣韋鍾藻具書幣,請先生主講姚江書院。(據《姚江書院訓約》及邵國麟作先生本傳)先生述所聞於師者,條次《訓約十則》,榜於堂楣。(以下全文據文集卷十《姚江書院訓約》,並以萬經作先生傳所引者參校)

一曰立意宜誠。

《大學》言"毋自欺",《中庸》言"不誠無物"。蓋心術不純,學問事功,俱無歸宿;生心害政,發政害事,有流禍於家國天下者。故先儒陳真晟謂"誠意是《大學》鐵門關",蕺山劉子揭慎獨為宗旨,拙修史先生每警門人以立誠為第一步。一念虛假,通體皆非,切須鞭辟近裏。即今諸生讀書,是真讀書,做人是真做人。其間天資敏鈍,氣候淺深,自是各別,要不相妨。但能從為己之心打進,不患不日新月盛。朱子講忠信進德云:"如項羽成釜甑,燒廬舍,持三日糧,示士必死,無一還心。"須辦此志向方得。

二曰勘理宜精。

人情、物理、事勢,皆聖人之學。故曰:"一以貫之。"又曰:"合外內之道。"此理甚寬,守著便不是,務要隨處體認。博學、審問、慎思、明辨,然後可加篤行之功。《大學》誠意必先致知,《中庸》誠身本之明善,明所以適於誠之路也。不然,非禮之禮,非義之義,行堅言辯,亦謂之誠,可乎?拙修史先生言:"學問自有向上功夫,勿以(萬無此兩字)必信必果爲駐足之地。"正是此意。

三曰倫紀宜敦。

三代之學,所以明倫。人倫之本(萬無此二字),首重孝弟。如築室之有基,如立苗之有根。吾輩未膺民社(萬無此四字),晨夕出入,但有(萬引作"倘於")愛親敬長兩事,此處(萬無此二字)不立根基,無論異日服官臨民,無所取資,即今靦然人面,坐擁書史,友朋相對(萬無此四字),豈不內愧?劉子名講學之地爲證人社,言"如此爲人,不如此爲獸"。畏之慎之!

四曰威儀宜攝。

求仁之功,只在非禮勿視、聽、言、動。惟顏子天資明健,當下請事斯語;其次循規蹈矩,繩墨以求寡過。"約之以禮",固是徹上徹下功夫。"動容貌,正顏色,出辭氣",檢束身心("心",萬作"情",又無下"惰"字),惰慢不設,乃恂慄,後自然威儀,非作而致之(萬有"也"字)。夫子言"不重則不威","重"字,是學者對症之藥。……內外交養,無暴其氣,此學問之牆壁。朱子《學齋規約》,可以爲法。

五曰識量宜弘。

世間多少難了事,何暇目前屑屑較量("較量",萬作"計較")?"振衣千仞岡,濯足萬里流",不可不具此氣概。《易》曰:"知崇,禮卑;崇效天,卑法地。"兼此兩者,乃能覆載萬物。識見愈高,則執禮愈謙。聖人與天地相似,吾輩不可不以天地爲心。至如人品學術,交遊趨向,或有小異,不害大同;習而沿之,其失斯甚。從來朱、陸之辨,洛、蜀之黨,此等客氣,俱要掃除。好學之士,只問自家得力何如,過失何如(萬經作先生傳,此句在"天地爲心"下,而無此後三句),安得道聽口傳坐論他人是非同異?坦懷相遇,平心觀理,何彼何此?會見萬物皆備於我。

六曰取與宜嚴。

韓夫子每述師訓,言"人只一念貪私,便銷剛爲柔,窒智爲昏,變恩爲慘,染潔爲污,壞了一生人品"。故君子以不貪爲本;於駟千介,一切(此上六字,萬經作"千駟一介"是也)當安義命。士居四民之首,具大人之志,豈容私小陷溺?當務(萬無此二字)謹身節欲,量入爲出。絕去分外希望,正是自家豎立處。陸桴山先生《居家四則》具在,何不做而行之？

七曰學術宜端。

吾輩束髮受書，但識堯、舜、周、孔。凡諸子、百家、九流、三教，皆污世揉雜之說。每見近來扶乩、拜斗、煉丹、持咒種種陋習，老、佛所唾棄，賢者亦嘗爲之。蕺山劉子改了凡（萬經作"袁黃"）《功過格》爲《人譜》，專紀過，不錄功，以遠利也。韓夫子曰："聖學以經世爲主，事君事父，經綸天下之大經，故與二氏不同。"凡吾同人，須卓然信得及。推之冠、婚、喪、祭，酌行《朱子家禮》，正己正人，移風易俗，誠吾輩分內事。

八曰讀書宜進。

古者八歲入小學，習灑掃、應對、進退、禮、樂、射、御、書、數，所以收放心，徵實用也。後世小學之教不行，手足既閒，身心俱軼。迨乎應務，動獲窒礙。談性命則入於空虛，慕功名則流於夸大，離道器爲二，明德、新民，大學之功，俱無安頓處。迨後專習舉業，終其身，敝精神於無用之文，是以人材遠不如古（此八字萬經在"動獲窒礙"後，而無"談性命"以下至此之文），玆姑無甚高論，即於讀書中尋取本原。略倣山陰徐伯調，課以《五經》《左》《國》《史》《漢》《性理大全》《通鑑綱目》及唐、宋大家古文，分爲經緯，每日讀經五頁、史五頁、古文五六頁，約年可一週。至看書之法，先虛心涵泳《四子》本文，次繹傳註、《或問》，及《大全》中朱子之說。寢食於斯，恍有湊泊。及至下筆，汩汩然從此中流出，自是出人頭地。程子教人半（"半"，萬經作"每"，誤）日靜坐，半日讀書，原非劃然分限。深思者當自得之。

九曰舉業宜醇。

自制科取士以來，名臣、良吏，多出舉業。揚名榮親，道無踰此。何得僅視爲敲門磚，草草易就，吟哦一生，終不成家。先正作文，以先秦、西漢、唐、宋大家之文，寫程、朱之理。理是生法，氣是生才（二"是"字，萬經作"自"）。氣貴清不貴粗，理貴微不貴鑿，法貴老不貴平，才貴橫不貴巧，四者同出一原。昌黎所云："遊之仁義之門，養之《詩》《書》之源。"沉浸濃郁，含英咀華，然後發爲文章。理、法、才、氣，一時俱到。理不傷氣，法不掩才，斯爲大雅。家長孺先生（萬經作"姜赤書師"）言："八股須自出手眼，與日逐看語錄同一心思，而調度各別。"既是文章

("與日"以下至此,萬經未引),要新,要活,要風采、色澤,要分外出奇,而又不必苦苦著意,求之艱難;只是看題扼要,段段見作意耳("而又"以下,萬未引)。若胸無根柢,而動言歸唐金陳,耳食何異?

十曰功課宜勤。

業精於勤,敏則有功。古人今人,共居一堂,人生樂事,孰過於此?正恐時會不常,往還難定。若復燕朋逆師,燕辟廢學,豈非自誤?登斯堂者,毋好佚,毋因循,毋凌亂泛閱,毋進銳退速,毋作無益害有益,尤忌聚談害事。朱子講修辭立誠云:"氣之疎密,心之存否,即言之多寡可驗。"最說得細。吾輩相觀而善,要各各豎起上達之志。如世俗馬弔博弈、傳奇小說,一切非聖之書、非禮之事,固當恥而不爲。安石圍棋,何如士行運甓?似此惜陰,方有功課。(據先生原文,並引萬經作先生傳所引互校)

跋謂"右十條非託空言,務期實踐",並勉諸生自愛愛人、補已不逮云。

【考異】 朱筠所作先生《墓表》云,此是歲辛巳之事,大誤。

有《復韋明府啓》,略謂:

廷采顧屢違時,才難稱志。自謂荒疎其甚,未登謁於公庭。名讀聖賢之書,常有慚於獨寐。惟是近居接世,耳食《天泉》《傳習》諸編寐寢興餐,思復姚江書院之地……總之,師惟希聖,何紛紛朱陸之異同?道在證人,詎僅僅文章之工拙?經、史、子、集,淹貫惟今;喪、祭、冠、婚,典型由古。凡士習、民風之大,並人心、天理之微,要歸當事之施行,寧止書生之空論?愧一得無芻蕘之獻,深負門牆,而先容非左右之人,難忘知遇。自砥所學,指衾影以爲期;共觀其成,如蘭芝之俱化。(即據原文)

康熙三十四年　乙亥(一六九五)　先生四十八歲

七月,黃宗羲卒[1],年八十六。(據《遺獻黃文孝先生傳》)

宗羲字太沖,號梨洲。先生與同里,親炙之。見其貌古而口微吃,不

---

[1] 按,本條原誤編入"康熙三十三年"條,今據《黃宗羲年譜》,黃宗羲卒於康熙三十四年七月,故移置本年。——編輯注。

能出辭。及夫意思泉湧，若決河東注，頃刻累百千言，續屬不絶。著述文章，不下百種。大者羽翼經傳，細逮九流百氏，靡不通貫。嘗示先生乾坤鑿度、象數等書，先生望而不敢即。蓋其弘覽博物，多得之黃道周；而理學宗劉宗周，以故雜而不越。其爲人，有奇氣；所交遊，勇俠劍客。遭遇貞元，未伸幽憤，始終無忘先公詔獄之痛，大肆其力於典墳。苦身焦思，自謂以魯得。年二十二，讀二十一史，日限丹鉛一本。家仇黨禍，舟車茅店之内，手不去編。寒夜抄書，必達雞唱。暑則穴帳通光，以避蚊蚋。早受先公命，就贄宗周。然竟崇禎世十七載，詩文盟會，交遊聲氣，去其半。及宗周夢奠，擔簦避寇，匿影憂讒，海澨山陬，饑寒顛踣，而後乃一意於師門之學。然碑版、記述、天官、星曆、勾股、壬遁，夙所精兼，未能棄也。以爲世知宗周之忠清節義而已，未知其學也。其學則集有宋以後諸儒大成，聖人復起，莫之易也。於是作《劉子行狀》，要其指歸之精有四：

一曰靜存之外無動察。

木之培必於其本，省察即存養中切實工夫。今專以存養屬靜，安得不流而爲禪？省察屬動，安得不流而爲僞？又於二者之間方動未動之際，求其所爲幾者而謹之，安得不流而爲雜？

一曰意爲心之所存非所發。

傳曰："如惡惡臭，如好好色。"指所存言也。如意爲心所發，孰爲其所存者乎？豈有所發先所存者乎？心無體，以意爲體；意無體，以知爲體；知無體，以物爲體。物無用，以知爲用；知無用，以意爲用。工夫結在主意中。離卻意根，更無格致可言。

一曰已發、未發，以内外對待言，不以前後際言。

喜、怒、哀、樂，即仁、義、禮、智四德，非七情也，一心耳。而氣機流行之際，自其盎然而起，謂之喜，仁也，元也，春也。油然而暢，謂之樂，禮也，亨也，夏也。肅然而斂，謂之怒，義也，利也，秋也。愀然岑寂而止，謂之哀，智也，貞也，冬也。是四氣所以循環不窮者，賴有中氣存乎其間，而發之爲太和元氣，是以謂之中和，性之德也。人有無七情之時，未有無四德之時。存發止是一機。中和渾是一性。

一曰太極爲萬物之總名。

《易》畫一奇，太極之象。因而偶之，陰陽之象。太極即在兩儀、四象、八卦中。理因形氣而立，其要歸之愼獨。人心徑寸間，空中四達，是爲太虛。虛，故生靈，靈生覺，覺有主，是曰意。寂然不動之處，唯此不慮而知之靈體，故舉而名之曰獨。少間見聞情識紛起，雜而非獨，慎之無及矣。可知獨即意，意非念也；氣即理，非理生氣也。謂理生氣，與佛者有物先天地之說何別也？

武進惲日初〔仲升〕編《劉子節要》，訪宗羲於其家，臨別，握其手曰："今日窺先師堂室者，唯吾與子，議論不可以不一；但於意非所發，宜稍融之。"宗羲不答。康熙丁未，復舉郡城證人書院講會。戊申，皋比鄞城，謂"學問必以六經根柢"，於是甬上始有講經會。先後主海寧、紹興講席，而所就經術湛深士，以甬上爲最。雖時文淺說，亦知崇本蕺山，宗羲倡明之功大焉。洎乎耄年，而智益明，神益強，累際徵辟，迄不爲名所累，固辭老病。有司承詔，取其所論著資裨《明史》者繕寫宣付史館。是時宗羲年八十矣。屹然一代學者宗師。及卒，私謚文孝。先生少作《觀心錄》一卷，宗羲規之曰："無實者弗爲。"先生輒毀之。三十餘歲，以《讀史百則》呈政宗羲，宗羲授以《行朝錄》，先生因之。更輯聞見，作《東南紀事》。宗羲自稱得劉宗周之真傳，先生於其靜存之外無動察之說，不非之也。其後作《遺獻黃文孝先生傳》，特徵其文焉。（據《遺獻黃文孝先生傳》、《謝陳執齋先生書》、朱筠所作先生《墓表》）

他日另嘗爲宗羲父黃忠端公作傳。

七月，走謁陳祖法。祖法爲道三世之交，且恤先生之貧，以爲力不能振。嘆曰："吾晚而知子，恐旦暮先入地，則子誰與語者？"既別，一月而祖法卒。（據《陳執齋先生墓表》）

祖法字執齋，教諭石門。先生之父，假館其家，與共晨夕竟十二年。詩酒酬和，惠好甚密。先生祖父則於祖法之妻爲中表兄。祖法以孝友諒直之性，挺然介立，不苟同於俗，不求人知，先生頗敬服焉（據《墓表》及《謝陳執齋先生書孝友堂集序》及祖法所作《邵魯公先生墓誌銘》）。丁丑，爲作《墓表》，論之曰：

> 於乎，出處之際難矣！士不幸遭革命之運，迫於事會，不獲守其初服，惟有愛民循職，庶可以免清議。若沒沒貴富，入而不返，更數十年，面目俱易，則君子羞之。明亡，遯荒之盛，超軼前代。如方密之、熊魚山諸君子，皆託於浮屠。至於章格菴之徒，既逃其迹，旋掩其名。下逮繩樞甕牖，抱遺經不試，窮老無聞者，所在多有。而老親在堂，門

户爲重,遭俗蜩沸,寇攘肆横,不得已紆節以應新朝遴辟。洎乎服官臨政,和平愷悌,使遺黎得蒙更生之澤,當途猶見儒者之功,因時順流,爲福匪細。詎謂謝皋羽、金仁山外,遂無正人端士聲流於後哉?從兄莪園知儀隴縣,將行,先生作序送之,其末段曰:

采迫饑病,弗獲偕兄行。顧自念稽古不成,志猶未已。方將讀《蜀都》及《長楊》《上林》諸賦,近逮升菴、大洲著述,題其高下而揣其世變。俟兄報最還家,與談西土勸來安集之勤、耕桑絃誦之盛,尚思載筆從兄紀之。並搜甲申、乙酉間逸事,詢諸父老傳聞異詞者,以慰山人貪多務得之望,補稗史所未備。兄行固弟行也。……(即據原文及其題下注)

康熙三十五年　丙子(一六九六)　先生四十九歲

先生此數年嘗作《學校論》。其上篇曰:

古之學者必有學。自家而黨而州,至於天子、諸侯之國都,莫不廣其教之地,使之朝夕進德、習業於其中。古之學者必有師。延鄉大夫之賢而老者,坐闒門,教鄉之子弟。其法:領於司徒,遞升其秀,以上於學。而又爲之小胥、大胥、小學正、大學正,以分掌四時之教。其教之之具,則禮有揖讓、仰俯之容,洒掃、進退、唯諾之節,以固其筋骸,安其坐作。《詩》有諷誦、反覆之音,以發其情志,而平其剛柔緩急。《樂》有宮商、清濁、六律之奏,八風之舞,以聰明其耳目,和平其血氣。所以教之之備如此。故其時天子、公、卿、大夫、士之材,無不出於學,爲國家天下之理,無不由於學之中。故道德茂而俗化成,天下之政教會於一。

周衰,先王之法廢,學校首壞矣。老、莊、申、韓、公孫龍、鄒衍之言潰決四出。下及秦,儀、起、臏、鞅、斯,以詐力勇戰,生民肝腦塗地。聖賢以爲其故在學校之壞,而庶人處士激溢橫議,故從爲之說曰:"謹庠序之教。"言乎春秋、戰國之際,庠序猶故存,而所以教之者不謹也。教之非其人與非其具:爲之師者莊、荀,而爲之具者《陰符》《韜》《略》,人欲熾而邪說恣,縱其說洋遊談於天地之間而莫之遏。是以庠序雖存,猶之無庠序也。

由漢以後，黃、老、莊、佛、神仙、道家之教，與孔子更盛衰。上之所以治，士之所以學，舉不由學校。又非獨其具亡而已。

　　宋熙寧初，王安石欲變科舉，興學校。蘇軾議以爲："時有可否，物有廢興。方其既厭，雖聖人不能復。慶曆固嘗立學矣；至於今日，唯有空名僅存。今將變之禮、易今之俗，又當發民力以治官室，斂民財以食游士。百里之內，置官立師。獄訟聽於是，軍旅謀於是。又簡不率教者，屛之遠方。是徒爲紛亂，以患苦天下也。"[1]其持論如是，安石迄不能有所施爲。

　　夫孔子論三代之禮，有因有損益。孟子述井田封建，止曰大略。然則今日之學校，亦惟因仍近制，使先王之舊物不廢於吾世。而獨其修身、正心，爲天下國家之道，則必得其人以講明而振興之。

　　若今之學校[2]，則止爲爲科目之徑而已[3]。以科目爲學校，病已非一世，而又有甚者。學術至孔、孟、程、朱，無以復尙，而不意人心之僞，即流伏於孔、孟、程、朱之中。其平居則言與行相背，及入仕而臨政，則（原誤作"自"）養與用相違。舉夫言語、政事、德行、文學，罔不歧爲二。數十年以來，士風靡濁，有"馬弔""游湖""混江"諸戲，賢愚耆幼，百唱千聱。視晉、宋、六朝"清談""麈尾""唾壺"之習，其高下豈直想懸萬萬而已！更有甚者，苦爭學術，以樹身名，幾與甘陵南北部黨人踵繼。彼漢、唐、宋、明四代之朋黨，一時同事，近而不相得，猶有說也。若朱〔熹〕之去今已五百餘歲，王〔守仁〕之去今亦百有六七十歲，兩人傑然各爲一代功宗，今之議之，則何爲也？故愚謂學校之敝，未有如今日之甚；而今日學校之敝，未有如講學之甚。士息講學，而務返其本於孝、弟、忠、信，則人心漸醇，浮言虛譽無所用，而流競消；天下方有實行真品，而治化可興，聖道可明矣。

　　昔柳公綽爲山南東道節度使，行縣過鄧。有二吏，一犯贜，一舞文，衆謂必殺犯贜者。公綽判曰："贜吏犯法法在，奸吏犯法法亡。"竟誅舞文者。於乎！今日講學而學亡，其誅猶在"馬弔""游湖""混江"

――――――――――
[1]　"苦"字，原脱，據邵廷采《思復堂文集》卷八《學校論上》補。――編輯注。
[2]　"學校"，原誤作"爲學"，據邵廷采《思復堂文集》卷八《學校論上》改。――編輯注。
[3]　下"爲"字，原脱，據邵廷采《思復堂文集》卷八《學校論上》補。――編輯注。

之上者也。

其下篇曰：

或曰：夫子憂學之不講，而子爲是言，無乃戾於名教乎？曰：吾以扶名教也。夫古之所爲講學者，有爲己之心，講去其非而明其是，以致其瞬有養、息有存之功於己耳。今本無是心也，無是功也，譬則溉木者，不培其根而理枝葉，異於的然而日亡者幾希矣。

且先儒有云："天下將治，則人必尚行；將亂，則人必尚言。"漢自昭、宣以前，皆尚行，故治理清明；元、成後，則尚言矣！匡衡、谷永、杜欽之徒出，極於王莽、誦六藝以文奸言，卒成新篡。宋真、仁、英時，皆尚行；至安石行堅言辨，馴致徽、欽之禍。將亂而尚言，二代者其明徵也。

道不可一日不明。而夫子曰："民可使由之，不可使知之。"豈惟凡民，雖士亦然。所謂不可使知者，乃上焉性與天道之事；非謂日用行習之中，第使之貿貿以由，而可安於不知也。苟其不知，則亦何所爲由哉？學者循循下學[1]，每事精察力行。若驟進夫人而語之所以然，則自堯、舜至湯，湯至文，王至孔子，五百年之內，見知聞知間，得數人耳。子以四教，文、行、忠、信，皆使人由之之事，非使人知之之事。其教顏、曾，中人以上，亦外外此，非有上之可語也。顏子深體斯教，故喟然見道也。

唯老、佛之爲教也必語上。故不立語言文字，則文可去矣。去君臣，逃父子，蔑朋友、兄弟、夫婦之倫，則行怪矣。蕩焉泯焉，守其空，無以爲忠信。傅奕、韓愈、歐陽修諸人嘗出力以排之，而卒不勝也。程、朱深探其本，欲窮其彌近理而大亂真之窟，故説之不得不精，語之不得不詳；既精且詳，則人多馳入於幽深悄怳之途，而老、佛之黠，或反用吾之軍號旌斾以逼吾之中壘。於是高明之士，爭務於知而憚苦於由。始也以儒攻佛，既也以儒攻儒，而朱陸、朱王之辨，嘵嘵以迄於今，不可解矣！……

前此蘇軾嘗憂焉，謂性與天道，自子貢不得聞。而今之學者恥不言性命，讀其文，浩然無當而不可窮；觀其貌，超然無著而不可捫。此

---

[1] 下"循"字，原脱，據邵廷采《思復堂文集》卷八《學校論下》補。——編輯注。

豈真能然哉？蓋中人之性，安於放而樂於誕耳。黃道周亦教學者先讀孔門言論，求之躬行，毋（原誤作"母"）早讀宋儒書，啓助長揠苗之病。是即引而不發、無輕語上之意也。

今之講學者，患在喜於語上，而所以由之者疏，故吾欲以夫子之四教糾而正之。自宋以後語錄諸書，一切且束勿觀，而惟從事於《六經》，孔、顏、曾、孟之教，行之二十年，而故習漸忘，士風龐厚。然後參用漢世取士法，復方正、賢良、力田、孝弟、徵辟、舉察諸科，期於實行實用。確然有得，即唐虞三代之俗，其漸可致乎！

於乎！吾說而得行，尤我者必以爲道不明自不講學始也。夫文中子之意，非欲近焚經者也。然與夫齗齗於朱、陸之間，紛拏於石渠、天禄之論者，孰爲去名而實存也哉？（抄原文）

是年應鄉試不中。（據《遺命》）

僑家會稽近二十年。每正月祠祀，寒食上塚，一再返餘姚，必獨登祭忠臺而哭。是冬，攜十五歲子承灖歸止宗祠。父子抱書，擁被讀。讀竟，嚙承灖臂出血，而告之曰："汝知痛乎？知痛斯知學矣！學非止痛者也，將有樂焉。吾非無樂乎此，而吾痛轉深，固不暇以樂乎此也。人之生，一本也。天無所之而不覆也，祖無所之而不附也，然其神則有主焉。吾之祖與吾之天，主乎姚矣。往漢都關中，魂魄猶樂思沛，作邑以新豐名。朱文公居建陽，故稱新安：一本之誼也。雖野夫弱妾，戀戀悲故鄉，況持書卷論學問者乎？"冬至，烝祭畢，乃登龍泉山，尋祭忠臺，指點祖塋，以告承灖，且教且慟哭。歸作《祭忠臺慟哭記》。末段曰："於乎！文信國文山有云：'幽明死生，一理也。父子祖孫，一氣也。'斯言非知道哉！人情鮮不愛其子孫，逆而上之，斯孝子，斯仁人矣。無遠乎天，是謂本天，無遠乎親，是謂本祖。此人道之極也。念之！復之！"其序略曰："余哭爲一身一家，既莫解其憂，又慮後人無解余憂。憂雖可言，固難且倍於〔謝皋羽〕先生也。於乎！慎思其難，厥惟賢子孫，厥爲賢子孫哉！"（據《祭忠臺慟哭記》）

【考異】 邵國麟作先生本傳，云是甲戌之明年之事，又分爲二事，皆誤。

是年清帝親征噶爾丹，降其諸部。（據《東華錄》）

康熙三十六年　丁丑（一六九七）　先生五十歲

丁丑、戊寅，假榻紹興府城東池兩水亭，輯《東南紀事》一卷，手校未竟，故疾大作。（據《謁毛西河先生書》。又偶見一書，知東池在紹興府城內）

【商榷】朱筠所作先生墓表云："作《東南紀事》……《西南紀事》二書未成，或云成輒燬矣。"則今行之本，乾隆間固未爲朱筠、邵晉涵、章學誠所見，治史者宜一考究之。

是年作《明儒劉子蕺山先生傳》。（據萬經作先生傳）其略曰：

先生諱宗周，字起東，紹興山陰人。父秦臺公坡死五月而先生生，因念父，號念臺。居貧，依外祖父章公穎。章公儒者，趨步繩尺，常爲開說忠孝，以是少成而莊，卓犖有聖賢志度。……

自嘉靖中葉以後，學陽明之學者，多失其真。唯敬菴〔許孚遠〕恪宗程、朱，居敬窮理，言動皆有矩準。……先生侍杖屢纔月餘。終身守師說不變……

先是顧憲成講學東林書院，以激揚名教爲任，朝野翕然龜著其言。而用事者不便，思中傷之。……先生憂國是，上疏，略曰："東林云者，先臣憲成倡道其鄉以淑四方之學者也。何至被以黨名？且攻東林可，黨崑宣不可。憲成，學朱子者也。世日尚奇，朱子以平；世日尚圓，朱子以方：合方與平，和之至也。夫王守仁之言良知也，無善無惡，其弊也，爲佛、老頑鈍而無恥。顧憲成之學朱子也，善善惡惡，其弊也，爲申、韓慘刻而不情。佛、老之害，得憲成而救，臣懼一變復爲申、韓！虞廷授受曰中，孔門得之爲傳心要法，斯則有進於東林者矣。……"

光宗立，遺書首輔葉向高，言："宰相職進賢退不肖，始閣下參政，姑用調停，釀成二十年叢脞之禍，願以前事爲鑒。"……

時上書者多言客氏；而〔魏〕忠賢之糾，自先生始。……

天啓……四年……楊漣等……被逐，國事大變。〔葉〕向高致仕去，〔趙〕南星、〔高〕攀龍尋亦罷。……緹騎四出，削籍徧天下。先生居里中，與諸生會議蕺山。痛言："世道之害，釀於人心；人心之惡，以不學而進。今日亟欲明人心本然之善，他日庶不致凶於而國、害於而家。……"已,逮黃尊素過郡,先生餞於郊,灑淚與別。返謂門人:"吾常自信於生死關無動,今利害當前,猶爾怦怦,知向者乃依傍也。"固獨契〔周〕濂溪主靜立極之説,存省交用,詣力益進。……曰:"堯舜之道,仁義而已矣。出乎仁義,則爲功利、爲刑名。其究也,爲猜忌、壅蔽,與亂同事。……堯舜之道,堯舜之學爲之也。學之大者,在執中數語……於焉默證此心之出於道者,止此仁義之良,而精以擇之,一以守之,則隨吾心所發,無過不及之差,而中道在我矣。中者,天命之性,仁義之極則也。……"

曰:"吾心當其清明在躬,獨知之地,炯然而不昧者,得好惡相近之幾,正所謂道心也。致此之知,即是'惟精';行此之知,即是'惟一'。精且一,則中;隨吾喜怒哀樂之所發,無往非未發之中,而中其節。此慎獨之説也。雖聖如堯舜,不廢精一,執中以此。後之學聖人者,亦曰慎獨而已矣。"自聞北變〔崇禎帝殉國〕,遂蔬食,以身餘一死爲憾。……

〔乙酉〕六月丙寅,聞會城〔杭州〕降,慟不食。……戊辰,出居郭外水心菴……食少麋以俟。……庚午……復不食。……丙子,辭墓,赴西洋港;久不得溺,旁人扶之出。……自是勺水不進。戊寅,就〔秦〕祖軾於楊枋。……口吟絶命辭曰:"留此旬日死,少存匡濟意。決此一朝死,了我生平事。慷慨與從容,何難亦何易。"……因謂祖軾曰:"爲學之要,一誠盡之矣。而主敬其功也,敬則誠,誠則天。若良知之説,鮮有不流於禪者。"又曰:"日來靜坐小菴渾無事,浩然與天地同流。"又曰:"餓死事小,失節事大,吾今而後知孟子所言'無以饑渴之害爲心害'。明乎此,於道也幾矣。"訓子汋曰:"常將此心放在寬蕩蕩地,則天理自存,人欲自去。"……戊子,先生考終。前後絶粒二十餘日,勺水不入口十三日。年六十八。……學者稱蕺山先生。

先生篤實類朱文公,而言誠意、慎獨與朱不合。曰:"意者,心之存主。所謂'道心惟微',即未發之中,天下之大本也。獨體在是。慎者,慎此而已。然未發之中,下不得個'靜'字。〔李〕延平教人靜觀氣象,終落偏枯。至龍溪〔王畿〕以心意知物并歸無善無惡,不從性善歸根,則性命、事功俱無依泊。"

時俗學宗傳註,王學宗四無。先生説出,多未服。惟濮州葉廷秀,餘姚史孝咸、孝復兄弟,遺書往復相叩,學者漸知歸向。

袁黃功過册,有倣爲《遷改格》者(其人爲陶奭齡),善與惡對。先生曰:"是功利之學。有意爲善皆惡也,論本體,有善無惡。論功夫,則先事後得。直無善有惡耳。"於是作《人譜》,專紀過。始獨知,次七情、九容、五倫、百行。曰:"行此,知道不遠人矣。"……

曰:"薛文清多困於流俗,陳白沙猶激於聲名,惟〔吴〕康齋醇乎醇。"

論王文成曰:"先生承絶學於詞章、訓詁之後,反求諸心,而得其所性之覺,曰良知;因示人以求知之方,曰致良知。良知爲知,知不囿於聞見。致良知爲行,行不滯於方隅。即知即行,即心即物,即動即靜,即體即用,即功夫即本體,即下即上,無之不一,以救學者支離眩鶩之病。孔孟以來,無若此之深切著明也。特其急於明道,往往將向上一機,輕於指點,啓後學躐等之弊。天假以年,盡融其高明踔絶之見,而底於實地,則範圍朱陸而進退之,有不待言矣。"

先生之學,出許敬菴。已,入東林首善書院,博取精研,歸於自得。專用慎獨,從嚴毅清厲中發爲光霽,粹然集宋、明理學諸儒之成。天下仰其人如泰山北斗。所著數十種,載文集。……

論曰:"有夷之清,而不絶無。有干之忠,而克全歸。君子而不仁者有矣,若先生仁者也。告君必陳堯舜,由執中慎獨,引而合之時務,一一可立施行。微獨世主未悟,至後學亦尚有憚其説者,豈功利之没人哉?於乎!道之行不行,寧獨一代之存亡乎!"

他日嘗作《請建蕺山書院啓》,略謂:

伏見郡城蕺山劉先生者,性成忠孝,學述孔、曾。立朝則犯顔直諫,臨難則仗節死義。真清真介,乃狷乃狂。洎乎晚年,詣力精邃,揭慎獨之旨,養未發之中。剖理不爽秋毫,論事必根誠意。固晦菴之嫡嗣,亦新建之功臣。若其正命而終,尤見全歸之善。死非傷勇,何從容慷慨爭易難;道集大成,總玉振金聲俱條貫。海内稱之曰子,來者仰之如山。特其全書藏在子孫,未經刊布,知其學者絶少,撮其語者無多。若不大爲表章,何以罄兹微奥?……

又嘗有《復友人書》,曰:

病寢寧神,生死事大,功夫覺有進處。而兄俗情喃喃,滿紙難了,適亂人意，非益我也。《劉傳》教正，出於虛公，然事關學術，不得不辨。天下最患是非黑白喜從蒙混，以致人心不正、世道不平。如近世之三教，紹聖之調停，南宋之和議，中於心術，而治亂從之。陽明之學，爲二溪〔王畿、王艮〕、周〔汝登〕、陶〔望齡、奭齡〕，相沿多弊，佛氏遂入而鼓其熾。今之攻陽明者，無得於中，專藉先賢標榜取勝，固非天下真學人。乃餘人猶沿流守舊，妄以心、意、知、物"四無"爲宗主，而所爲真陽明者失矣。足下之好陽明，得無葉公之畫龍矣乎？

蕺山之世，教衰學微，雖其門人，亦罕獨信。天下或以陽明爲佛氏，或以佛氏爲陽明。故如蕺山忠憤正直，而於深辨學術處，則獨承之以謙、守之以平，使其義明。其旨不失，而我無過於先賢，斯已矣。

要之，明儒雖衆，必推王、劉爲一代程、朱。王近明道，劉近晦菴，而功勳節義過之。朱、王之學，得劉而流弊始清，精微仍見。兄不見《蕺山全書》，未識其學之醇乎？醇而集大成者，是以極言而公辨之。

是年又作有《貞孝先生傳》。貞孝先生，蕺山長子汋也。（據原題下注）

《劉門弟子傳序》亦作於近年。首引其先人之言曰："世之論王子者，概之以事功，不知其事功由學而出。王子之事功，斯真事功；真事功，斯真學也。論劉子者，概之以節義，不知其節義本學而成。劉子之節義，斯真節義；真節義，斯真學也。"從而斷之曰："蓋以言明道，不若以身明道之爲能真知而實踐也。"又曰："余錄劉門，取其死義者得若干人。其次張奠夫、惲仲升諸君子，皆能兀守故廬，不交當世之權貴，亦足多矣。至其纂言提要，發誠意、慎獨之旨，則梨洲黃氏與有力焉。是以次而列之。"（傳文今不傳。原序末註云："未成"）

姜垚爲先生作《宋元明紀事序》，謂"吾友邵子念魯，幼遵庭訓，究理學。長而志盛，謂事業可立期。忽忽五十，鬚髯如雪，乃潛思著述。先成《宋元明紀事》一種，屢易其稿，心良苦矣。大約取資於馮司寇〔定遠〕《見聞錄》、毛太史〔奇齡〕《後鑒錄》、黃徵君〔宗羲〕《行朝錄》，益以董隱君〔瑒〕之口述。綱舉目張，可稱信史"云。

【商榷】 按《宋元明紀事》[1]，未見成書。先生自述，亦從未及之。

---

[1] "紀"，原誤作"紹"，據上下文改。——編輯注。

細考姜垚此序,上下文俱論明末亡國之故,與其所以心作史以記之之理,而於宋元之事無與焉。——僅"崖山未覆"四字,偶及宋、元,亦引爲比喻,非正文也。——其所謂《宋元明紀事》蓋即《東南紀事》,實同稱異,非別有成書。甚或"宋元"二字爲訛衍之文,未可知也。觀夫《東南紀事》作於是年,而姜序亦云年已五十。《東南紀事》取材於馮、毛、黃、董,《宋元明紀事》亦取材於馮、毛、黃、董。則其實爲一書明矣。

李塨九月抵桐鄉,十一月抵杭州,問樂於毛奇齡,旋返桐鄉。(據馮辰所輯《李恕谷年譜》)

是年清帝再親征噶爾丹,朔漠悉平。(據《東華錄》)

　　康熙三十七年　　戊寅(一六九八)　　先生五十一歲

作《贈表叔孫畹仙先生序》,略謂:

　　先生外給公賦,內迫艱食,而奉祖姑曲盡孝養。凡定省溫清、抑搔扶持、棗栗滫瀡、柔色以溫之類,《內則》所載,學士習以爲常談弗行者,先生則躬蹈之。蓋自采生五十一年以來所見儒者,直義溫潤,兩美並具,不資榮祿而畢竭親歡,終身孺慕,化感僮婢,小大外內,罔不鳧藻承志,吾王父魯公夫子而外,獨有先生而已!……嘗以書抵采曰:"君不培其本,專事文藝;吾舅氏不以文藝重也。……君今雖嗜古執勤,所讀書多枝葉。交遊朋濫,介節不立,匪金石是守,而喜怒任情,詒遠近疵厲。鄉舉若行,君必見遺。夫言行樞機,千里違應,榮辱之主,皆不徒然,不可咎人。又君安家會稽,背離祠冢。吾每入邑,過舅氏舊廬而泣,其若之何?"明年春,謁先生於上林,則執手喜曰。"君教子尚持義方,此事足恃。舅氏之澤,不於君身,於君諸子。君必勉之!"采拜起泫然,書前後之語,以具志不忘。(即據此文及其題下注)

是年正月,李塨自桐鄉到杭州,見毛奇齡,論學旬日,復返桐鄉。(據馮辰所輯《李恕谷年譜》)

　　康熙三十八年　　己卯(一六九九)　　先生五十二歲

應鄉試,不中。(據《謁毛西河先生書》及《遺命》)

在杭州時，懷刺叩毛奇齡之門，求見，有《謁書》，自稱"門下采"。略謂："今年己卯被放，益慨窮達有命，不可力爭。而壯心未衰，不甘與古人潛德遯世者同甘淪沒。輒欲繕寫是書〔《西南紀事》與《東南紀事》〕，呈當世之高賢，以考鏡其是非，推求其心術。"既見，則討論學術，別後，有《候毛西河先生書》，其略曰：

"致良知"三字，實合"致知""存心"一功。所謂察識於此而擴充之，直是"任重道遠""死而後已"之事。俗儒認作石火電光，所以曲議橫生。而脚踏兩頭船者，又用調停，以爲姑諱此三字。如吾師直標宗旨，即今無第二人。向見潛菴先生〔湯斌〕《答陸稼翁〔隴其〕札》，與吾師有同契也。

蕺山不沿良知而揭慎獨，謂"獨"是未發處，不是已發處。功夫專在未發處用，"獨體"下不得個"動"字。"未發"下不得個"靜"字。共睹共聞，自有不睹不聞。"未發"在而指其微過，一言以蔽之曰妄，復則不妄矣。不妄則七情、九容、五倫、百行少有纖過，正如紅爐點雪，隨著隨銷。故曰："不遠復，無祇悔。""苟志於仁，無惡。"蕺山之所謂"獨"，蓋即良知本體，道心之微，與朱子殊，不與文成殊。特變易旗幟，改換名目，以新號令，作士氣耳。少時入姚江書院，見淺學紛紛，讀得"致良知"三字滑，遂成骨董。其賢者囿不高論禪宗。去先賢曾幾何時，流弊若此！——文成恐學者支離於學問，蕺山恐學者荒忽於靈明。興衰起墜，同一苦心。其相羽翼於孔、孟之門，後先固一也。……

……又元人修《宋史》，於《儒林》外別立《道學傳》，此後遂爲定名，專家似當去之。吾道一貫，孰非道學中事，而以此立儒家標幟乎？同父〔陳亮〕所以謂人不當專學爲儒，正爲此也。……

天下有千萬人皆譽，不足輕重吾道者，如今世之議陽明及東莞陳建之異幟是也，獨怪顧涇陽〔憲成〕東林君子之首而攻排王學，仇王者至今依歸。然以陽明視涇陽，直支子耳。涇陽崇直節，而孔孟之道不止於直節也。又其於朱子之學，未之全見，止以墨守扞邊圍爲衛朱。見有一言之及簡易，則以爲涉於陸；一言之及經綸，則以爲涉於陳。故從而爲之説曰："今有人兼象山、永康而具之，朱子復起，憂更何如？"於乎！象山豈異端乎？永康豈蘇、張、范、蔡乎？是何異游夏、洛蜀之門人相譏,而藉老、佛以卞莊刺虎之會也!故采嘗妄謂學陽明者毋而反議朱。朱之人固泰山喬嶽,而朱之學固曾子、子夏也。至《綱目》一書,則直繼《春秋》而懼亂賊,陽明子所未暇作也。……

　　劉蕺山雖不言良知,然補偏救弊,陽明之學實得蕺山益彰。本朝大儒如孫徵君〔奇逢〕、湯潛菴〔斌〕,皆勤勤陽明,至先生而發陽明之學,乃無餘蘊。而天下之人,或以微議朱學爲先生病!竊見先生立身處家、細行大德,無悖於朱子家法。特欲揭陽明一原無間之學,以開示後覺。淺識之徒,拘於舊而未能入,又佐以時文,盛其焰而助之攻,遂以爲左朱右王者有矣。……采受恩深隆,一日未死,尚欲闡崇師説。竊念守先待後,百世之公;無犯無隱,事師之誼。昔人稱心齋王氏不肯輕服陽明,心向往之。是以不避狂瞽,極思明辨,務於解去平生之惑,使天下後世曉然知聖道昭垂,殊途一致。則王門見知聞知之任,非吾師誰屬?……(節錄原文)

作《盛將軍傳》(據題下注)。繫以《贊》曰:

　　明世絀武,一代無功。迄於南渡,益熾其風。跋扈者降,忠良遯荒。王師乘之,踰載而亡。視彼宋高,韓岳吳劉。賊檜議和,百六春秋。非和之能,翳戰之力?賢奸並庸,文武互翼。孰如明季,獨賞惟奸。襲盜而公,專兵阻賢。發言盈庭,多庸無識。虎臣悲憤,傭保匿跡。……(抄原文)

到蘇州,上書江蘇巡撫宋犖〔牧仲〕求見。(據《上江蘇宋撫軍書》,有云:"行年五十有二。")(又據《江南通志·職官表》)

冬,過安徽盱眙周橋訪施自西,眺洪澤湖,作《盱眙縣丞周橋廳壁記》。(即據此文)

是年始交丁若蘭〔淇園〕。(據《丁母章太孺人傳》)

正月,李塨到杭州,別毛奇齡,北返蠡縣。(據《李恕谷年譜》)

清帝南巡,開河,講治水策。(據《東華錄》)

　　康熙三十九年　庚辰(一七〇〇)　先生五十三歲

作序寄贈李塨(案此序今不見於文集中,殆已佚)。九月,李塨復以書曰:

塨前在浙，以文行高古如足下者，未及聞知，可愧也！今鴻章遠賜，謂"南方學者，從朱從陸，漫無定見"。而於塨盛有稱引，何以克當！然念同受教西河之誼，三千里外，命以討論，亦何敢不獻其愚以求教焉？

　　塨少承先孝愨〔明性〕家學，即欲自立爲一儒者。及弱冠，從顏習齋先生遊。先生言："聖道至宋儒而歧，其内地功力，皆參雜佛、老。而所謂問學者，又祇誦讀訓詁，迂闊無用，將周孔兵、農、禮、樂之實學，一概蔑略。"教塨力求古聖舊轍，置《日譜》以糾察身心。學禮，學射，學韜鈐，學數，凡古今成敗，經濟大端，日夜研究。至於經、史、子、集，皆翻閱之，以爲實行之考證，非務佔畢也。如是者幾至四十。以樂無傳，入浙拜河右先生〔毛奇齡〕問樂，因從而學焉。且聞先生言太極、先天本於釋、老，以及儒者〔蕺山〕欲以干羽平賊諸謬，而於素所言宋儒之體用，俱與聖人異者，益信。又得賜觀其駁正《易》《書》《詩》《春秋》《禮》諸經謬解，而經學頗進。已而得陸桴亭〔世儀〕書，見其言戒慎恐懼之功甚正，與佛氏所謂明心見性者，較若黑白。於是無動無靜，咸以小心翼翼自持，而存養之功亦稍進。然而體道之功[1]，愈進而見其難，無一地可間，無一時可間，一疏一密，即多出入。前途惴惴，不知躋落如何[2]。且論學直宗周孔，以待來者，將世所傳程朱、陸王之歧途，欲從而改正焉。世人聞之，大驚小怪，恐非綿力所能撐撐。今足下卓然有志於斯道，而又不爲前儒迷霧所障，乞便中嚴賜教訓，使塨得所折衷焉，則幸甚矣。（據《李恕谷年譜》）

先生從毛奇齡得是書，不敢空言抵復。遲之五六年，始獲報命。（據《答蠡吾李恕谷書》）

　　作《叔父母合葬壙志》、《蘇賡言歸櫬記》。（據原題下注）

　　叔祖大成〔恕庵〕知廣東和平縣，構新王文成祠堂，遣使屬先生作《碑記》。先生推論經生者流，不求論文成持身經世本末，猥治桂萼詖説，訾其學術不已，至並議其事功，甚不可也。（據原文及題下注）

---

[1] "功"，原誤作"加"，據馮辰《李恕谷先生年譜》卷三改。——編輯注。
[2] "躋"，原誤作"擠"，據馮辰《李恕谷先生年譜》卷三改。——編輯注。

康熙四十年　辛巳（一七〇一）　先生五十四歲

饑驅，將適廣東。已辦裝，病作，卧郡城江橋香城僧舍。沈謙三來視，請移館其家，爲親和湯藥。竟五十日，未愈。又欲南走，魯仲賡、安貞、高則之、章泰占、丁淇園皆阻之，陶容士言尤切。七月，陶子千將之赴曹山，爲榻酬梅閣，曰："以是間山水藥君！"遺民高宜卿時釣山頭，年八十矣，載酒相問，投筆於池，巨魚躍出，先生之病遂愈。因作《辛巳移榻始末》，謂：

　　……進德之途，非日新，即日退。余之退未有涯。以質靡而不剛健，名浮而不篤實，消磨剗消，幾至迷復。如隕深淵，則思呼號求助於朋友，剛健者吾不得見，願得篤實者友之事之。《需》之上六："入於穴。有不速之客來，敬之，終吉。"《蹇》之九五亦曰："大蹇朋來。"此聖人所以轉人事之窮，濟天行之厄，傾不反剥，爲生民立命也。由是言之，病在此不在彼。（即據此文）

作《送田濱遇之番禺序》，論名之爲害。（據原文及題下注）
范蘭作《序》送先生南行。（據原文及其題下注）
是年清帝遊幸塞外。（據《東華録》）

康熙四十一年　壬午（一七〇二）　先生五十五歲

先是，康熙辛未，餘姚知縣韋鍾藻大開義學，稽論文藝。久之，史在官、邵焜、蘇滋忭偕同志數十輩請曰："是藝也，必求諸道。……陽明故姚江前哲，特有書院祠焉。盍即并移義學於書院，斯實守先待後，可垂百世。"鍾藻曰："書院在城南，濕下，旁居人稠處，木朽且折。……欲更書院於城中爽塏，何如？"捐兩歲俸，買新城東南門内角聲苑，出佛像，將遷主，而鍾藻因事言篆去。邵、蘇亦旋没。其子弟及司院者，亟董成之，四方來襄役者甚衆。是年十月乙酉，遂奉孔子神主至陽明迄於同門私淑肇建前院者，咸入角聲苑。改題角聲苑爲姚江書院。乃大召工，起前庭廊、後樓，旁立學舍。公推先生作記，是爲《姚江書院後記》。其末段曰：

　　自此姚江人士，既有其地，當講其學，務追千聖一傳，磨砥躬行，無徒剽騰良知口説爲也。夫學者，天下爲公，哲愚同歸。自生民以來，未有奇詭。非一邑之事，一先生私授矣。（即據此文）

作《孝友堂集序》、《章氏宗社詩序》、《全氏譜序》、《全氏譜後序》、《陶及菴墓表》、《丁母章太孺人傳》、《雍劉言配王孺人傳》(皆據原文及原題下注)。《全氏譜序》末段云：

> 今其譜凡例曰："正昭穆，嚴合食，詳葬地，通賀弔。後外姓必告，遷居必錄，脫遺者闕之。歷盛衰勿之有改。"是孝弟之道，爲譜之良法也。余嘉閣生〔全煒〕之意，異夫世之矜貴冑、羞寒士[1]，矯託傅合以瀆其宗祖者，故爲之序。

是年萬斯同卒，年六十五[2]。

萬斯同字季野，斯大弟，黃宗羲弟子。博學，尤嗜文獻，最熟明代掌故，自幼即以著《明史》爲己任。康熙十八年，《明史》館開。顧炎武甥徐元文官總裁，力請斯同北上。斯同以官局徵材易便，乃應聘，請以布衣參史事，不受官祿，館元文家。纂修初稿，彙送核定。元文去，歷任總裁禮遇不間。旅京十餘年，成《明史稿》五百卷。嘗自述其旨趣曰："官修之史，倉卒而成於衆人，不暇擇其才之宜與事之習，是猶招市人而與謀室中之事也。吾所以辭史局而假館總裁所者，惟恐衆人分操割裂，使一代治亂之迹闇昧而不明耳。"其作史首重實錄，以爲"實錄者，直載其事與言，而無所增飾者也。因其世以考其事，覈其言而平心察之，則其本末十得八九矣"。《明史稿》外，著書尚十餘種。既没，藏書數十萬卷，悉爲人攫去。《明史稿》亦爲王鴻緒冒没。(據黃百家、全祖望、錢大昕所作《萬斯同誌傳》)

康熙四十二年　癸未(一七〇三)　先生五十六歲

作《姚江書院傳》(據原題下注及萬經作先生傳)。其《序》曰：

> 昔南宋之世，儒者盛於東南。國統中微，斯文彌烈。晦菴朱子集諸儒之成，傳《四書》《詩》《易》，修《通鑑綱目》。老、佛之流息，孔子之道著。猶窮河源者溯崑崙，沿江、漢者放東海，到於今五百餘歲，未有跨而越之者，良由體大而思精，力全而用博也。然當其時，金谿之陸、永康之陳，已自侈談經濟，喜言覺悟，遂有鵝湖、鹿洞之派。一再傳

---

[1]　"羞"，原誤作"養"，據邵廷采《思復堂文集》卷六《全氏譜序》改。——編輯注
[2]　"六十五"，原誤作"六十"，據劉坊《萬季野先生行狀》改。——編輯注

何、王、饒、輔,頗傷詞費。沿及於明,用經義取士,浸以性理開利禄之門,人心苟趨科目,不以修身體道爲事。庠序之設雖賒,先賢餘澤衰矣。

浙東承金華數君子後,名儒接出。正德、嘉靖之際,道統萃於陽明。陽明氣象類孟子、明道,至出處就功之跡,知覺先民之意,則往往近於伊尹。閔學者久牽文義,特本原性善,開通良知。良知加之以致,必有事焉。曾子弘毅任重,固曰"死而後已"。顔子欲從末由,猶云"未見其止"。然則先難之功,畢生不輟,道心之發,一日可獲。孔子曰:"我欲仁,斯仁至。"孟子曰:"無爲其所不爲,無欲其所不欲。"陽明祖述孔、孟,直示以萬物皆備,人皆可爲堯舜之本。曲成誘人,於是爲至。其與朱子存心致知之教,蔑有二也。

然當是時,禪宗盛行。門人不能謹持師説,每以禪宗所得舉歸之師。而墨守朱傳者,則悉以聖人之精微讓之佛氏。又陽明天資踔絶,高明者自聞其説,輒不喜爲積累集義之學。矯枉則直必過,固當爲後人受其咎也。

若夫攻禪者反戈攻王,而即以攻王爲衛朱,則兩背也。象山稱元晦"太山喬嶽"。陽明功勳節義,卓爲一代宗臣。此見於行事之實,其揆固一。經生家舍己之田,蕪穢不治,而越其疆畔,以疵求前哲,空復何施?

至於本遠原分,微言大義,各有流極,固賴學者補偏起敝以振興之。昔石渠、虎觀諸儒,講文煩密,遂啓老莊糟粕《六經》之説。陽明自天泉論《大學》,亦貽二谿、二王之弊。使仲尼復生,文、行、忠、信,兼以爲教,寧有斯失哉?

崇禎末,沈、管、史諸公特起姚江書院,講陽明之學。其人皆能嚴立志節,循理處善,世以輩金、許之於朱。雖未涉崐崙之顛,傾雲漢之波,要亦涉其末流,不至於溺焉者。後之人放尋遺緒,固於此有取爾也。惜其文章語録久多湮落,又師資所承頗衆,不能詳載,特著其關世教、裨聖路者見於篇。

入傳者凡九人,沈國模、管宗聖、史孝咸、韓孔當、王朝式、禺元璞、邵元長、俞長民,及先生之祖曾可。《傳》末繫以《贊》曰:"一邑之教,千聖之文。卜氏西河,王通龍門。德性學問,其流孰分?洋洋優優,以待其人。

懷此先哲,敘我彝倫。"

《贊》後附語曰:"……致良知功夫,全在爲善去惡。宗旨四語,特本其寂感一機、體用共原者言之耳。此等源流關係,蕺山劉子洗刷最精。吾輩當虛心諦觀。庶洛、蜀本是一家,無容鬩牆,見譏外人矣。"(據原文)

秋,作《重修舜江樓記》,謂"繼今姚人勿忘先澤,博聞敦善行,以前修自勖。曰相業如文正,理學、勳烈如文成,就義如忠襄、忠烈,古學如文恪,強諫如忠端,銓政如清簡、恭介,餘各以類求其倫。則登斯樓也,有慨然而興,念昔先民,頑廉懦立者矣"。(據原文)

作《祖姑孫孺人傳略》。(據題下注)

作《何侍御傳》(據題下注)。毛奇齡評之曰:"念魯論理議事之文,俱本經術。而於傳志紀述,又登堂入室。才大如此,何患不傳?爲之稱快不已!"(據原文後評跋)

是年嘗到陝西三原訪三原知縣李三山。有《重修三原縣東嶽廟記》(即據此文)。察關中田野,喟然曰:"土則古所耕也,而水利亡矣!"(據朱筠所作先生《墓表》)

是年黃淮隄成,清帝親巡。(據《東華錄》)

康熙四十三年　甲申(一七〇四)　先生五十七歲

在山陰石泗,遺書仲子承明曰:

汝力作中須節勞,無令頓憊,東漢諸君子有傭賃數日,讀書數日,後來多至公卿。近者士人名爲讀書,實皆游惰,人才從此隳壞。大舜於田供職,漢置孝悌力田,均務實事。魏晉清談,齊梁靡麗,自是以後,士大夫大都習爲高簡。雖以宋之崇尚理學,不能悉改也。汝讀書求古今,當自知之。極憐汝勞勩,第恐動念,故爲此說。若能於此中打出,方是孝子賢孫,方是聖賢豪傑。(據萬經作先生傳所引)

近年有《送周凱三寧親松潘序》,自謂"衰年懦夫,壯心未歇,輒喜談兵事"云。(即據此文)

閻若璩卒,年六十九。

閻若璩字百詩,別號潛丘居士,太原人,寄籍山陽。年二十即發心著

《尚書古文疏證》[1]。讀書每於無字句處精思獨得。而辯才鋒穎，證據出入無方，當之者輒失據。常曰："讀書不尋源頭，雖得之殊可危"，手一書，至檢數十書相證。一義未析，反復窮思，必得其解而後止。《尚書》，伏生所傳二十八篇。東晉梅賾獻《古文尚書》，得多二十五篇，題"孔安國傳"。自唐以降，治《尚書》者皆用梅本，著爲功令。中間雖經吳棫、朱熹、吳澄、梅鷟稍稍懷疑，猶未有敢昌言目爲贗作者。至若璩著《尚書古文疏證》，經四十餘年之努力，搜集種種證據，始盡發其覆，證明二十五篇與《孔傳》皆東晉人僞造。毛奇齡不以爲然，往復論辯，各有和者。《疏證》問世，奇齡著《古文尚書冤詞》以難之，抗爭甚烈。先生接近奇齡，不然閻說，特未揚攻訐之波耳。（據《後蒙説》、《候毛西河先生書》及錢大昕所作《閻先生傳》、張穆所作《閻百詩年譜》）

顏元卒，年七十。

顏元字渾然，博野人。二十歲前後，好陸王書。未幾，又從事程朱學。三十以後，覺堯、舜、周、孔教學著於事物，與後世專務記誦或靜坐冥想者門庭迥乎不同。嘗曰："必有事焉，學之要也。心有事則存，身有事則修。家之齊，國之治，皆有事也。無事則治與道俱廢。故正德、利用、厚生曰事。不見諸事，非德、非用、非生也。德、行、藝曰物。不徵諸物，非德、非行、非藝也。"以爲離事物則無學問可言。求學問於事物，則非實習不可。故其生平最重"習"字。因名所之曰"習齋"。學者因稱習齋先生。所著書僅《存學》、《存性》、《存治》、《存人》四編。隱居自學，不涉聲氣。門人最著者，蠡縣李塨，字剛主，號恕谷。高才宏願，有名當時。學風獨樹，自成一家。稱"顏李學"焉。（據李塨所輯《顏習齋年譜》及顏、李諸傳記）

康熙四十四年　乙酉（一七○五）　先生五十八歲

夏，讀書會稽龍眉山。（據《河南布政使許公傳》）

秋，作《河南布政使許公傳》、《劉子敬六十序》。（據原文）

刻《思復堂文藁》前集、後集成，謂"吾所以不揣而刻此者，懼泯師友、

---

[1]　"尚書古文疏證"，原誤作"古文尚書疏證"，據閻若璩《尚書古文疏證》改。下同，徑改，不出校。——編輯注。

祖父之淵源,私襲以置諸笥,抑又未必能子孫之守我也"。十一月初六日,山陰劉士林序之。略謂:

……君嘗爲余言:"行文貴有原本,内無所窺於心性,外之不關家國天下之務,徒敝精神,窮日夜,以求其似,雖成亦何所用?不如所云略觀大意,雖非其至,性情之地,微有存焉。"余喜稱斯語,以戒子弟之鶩於文者(原無"者"字)。文之中有德有功,則可謂之立言。是兩者,君兼盡之。其本原心性經濟大略,見於書院傳記、先賢諸傳。小之,出爲酬應,亦不輒以一言輕相假借,庶幾乎古之無苟立言者。是亦可以信其行遠矣。……

【商榷】 此刻本殆已失傳,非今存之《徐氏叢書》本。《王陽明傳》《王門弟子傳》《治平略》尚未著作,不在其内。又是年刻書,未見先生自述。此段所記,本於徐本卷首劉士林《序》。

答書李塨。其略曰:

足下學問得之趨庭,自幼即有必爲聖賢之志。後又從遊習齋,力驅佛、老,講求兵農、書數、禮律諸務[1],綜古者小學、大學之教以治其身,體全用具[2]。凡所言行,直本孔、孟。舉後世之所爲程朱、爲陸王,紛紛角異,如衣敗絮行荆棘中者,概置勿顧。於聖人之道,真有廓清摧陷之功。用工之勇且實,未有過於足下者!若弟因循蹉跎,日復一日,行隳學裂,視足下真愧且畏也!

第有一言從足下就正者。足下之所爲戒謹恐懼、存養交進[3],自既明其善而加之存養乎?抑惟堅守其心,篤實其行,不受外物之摇侮,而遂以爲得聖人之精微渺忽乎?孔子曰:"知及之,仁能守之。""擇乎中庸,得一善。"孟子曰:"其中,非爾力。"則聖學固以致知爲終始。故《易》曰:"知至,至之,可與言幾也。知終,終之,可與存義也。"[4]以見始之、終之,時中之詣,一以知爲鵠而已矣。設聖學不統於知,則孝悌力田皆得與聞一貫,鄉黨謹愿躋於狂狷之上矣。胡爲聖門呼唯乃俟其人?抑與彼不與此,又何也? 由是言之:陽明致知

---

[1] "書",原脱,據邵廷采《思復堂文集》卷七《答蠡縣李恕谷書》補。——編輯注
[2] "具",原脱,據邵廷采《思復堂文集》卷七《答蠡縣李恕谷書》補。——編輯注
[3] "謹",原誤作"慎",據《思復堂文集》卷七《答蠡縣李恕谷書》改。——編輯注
[4] "言",原作"與",據《周易·乾文言》改。——編輯注

之教,誠不可議矣。

顧猶有説焉:陽明之所云"致知"者,攝於約禮之内,始學即審端一貫;朱子之所云"致知"者,散於博文之中,銖銖而稱,兩兩而積,其後乃豁然貫通焉。此同歸中有殊途之别。世之學者不究其同歸,而喜摘其殊途[1],所以從朱從陸,杳無定見,去聖愈遠,畢累世而不能相合也!

至蕺山先生專主誠意,以慎獨爲致知歸宿,擇執并至,而不補格致於誠意之前。合一貫之微言,審執中之極則。孔、孟以後,集諸儒大成,無粹於此。特全書未經刊布,世多傳其節義,至其爲承千聖絶學,尚罕有知之者。向讀孫徵君〔奇逢〕《理學正傳》一編,寫蕺山纔百餘字,弟是以不揣,蒐輯公傳,於誠意慎獨之要,略爲梳櫛。合之黄梨洲、惲仲升兩先生節要行狀,可窺半豹。弟於明儒心服陽明而外,獨有蕺山。雖使前輩向慕不同,且從所好。……

夫論學當提撕本原,使人知用功下手處。若博聞強記,講求刺刺,窮年勞攘,總歸喪失。昔孟子論井田封建,止述大略,此之謂善於師古,知時務之要。後此荀淑不爲章句,淵明不求甚解,外期經世,内養性情,兩賢雖未達聖功,要爲窺見體用。弟見今之儒者討論太劇,徵實太多,未免如謝上蔡所云"玩物喪志"之戒。自顧精力既衰,不能搜羅詳核,惟有省心省事,期無悖乎先聖先師之意。早夜之間,惟有存住,如是而已。

要之,談何容易?程子見後生靜坐,便歎其善學。此意可思。

又湯潛菴先生答陸稼翁有云:"從來講學,未有如今日之直以肆口嫚罵爲能事者。"蓋其人置身功過之外也久矣!言之不怍,則爲之難。有二三作俑,以爲逢世捷經;後生渺無知識,奉其譏評,用當經傳。四十年來,遂成風氣,牢不可破。乳臭者能闢陽明,自詡沾沾,並爲聖人之徒也!是故攻王以衛朱,朱不受;斥朱以附王,王亦不受。足下南宫三試,策問有議及陽明從祀之語,不對而出,卓然傑者。如此舉動,古今之内,復有幾人[2]?弟已增入此事於前序中,無論世

---

[1] "而",原作"無",據邵廷采《思復堂文集》卷七《答蠡縣李恕谷書》改。——編輯注
[2] "復",原作"能",據邵廷采《思復堂文集》卷七《答蠡縣李恕谷書》改。——編輯注

之以我爲狂、不以我爲狂也。

夫學術各有沿流，固非作者之過。陽明之後，惟錢緒山〔德洪〕、鄒東廓〔守益〕、歐陽南野〔德〕能守師傳，再傳彌失。如李贄之狂僻，亦自附於王學。而斯時密雲、湛然，宗教熾行，高明罔知裁正，輒混佛、儒爲一，託於"四無"宗旨。以故蕺山先生承其後，不肯稱説良知。是實因衰激極，補偏起廢之道，正可謂之王門功臣，未嘗相左。故愚於《蕺山傳》端有"嘉靖中葉以後，禪學毒天下，大旨依託陽明"三語，謂是當時實錄。西河師頗不然其言。吾兄寬中精學，敢以爲商？[1]……

夫經學與心性之學本出一原，聖人作經，皆以發揮心性。《易》道陰陽易簡，《書》記政事，《詩》別勸懲好惡，《禮》順秩敍，《樂》滌邪穢而蕩渣滓，《春秋》辨是非。今於經學之外別有心性，則道無統紀，而不得聖人之心。於是乎逐事物，溯源流，求同異，解愈繁而經愈晦。譏朱子末流之弊，其弊乃甚於朱子也。故先賢不可苟訾，必歸之心得……[2]而體先賢之心，并不可過爲之護。訾先賢者固非，即過於護先賢者亦非。故習齋先生謂學術至宋儒而歧，誠闢論，非苛論也。何也？宋儒謂靜觀未發氣象，人生而靜以上不容説。是中體落於偏枯，混入佛、老，而不自知矣。而所云問學，又止於誦讀訓詁；凡禮、樂、兵、屯經世實用，一切蔑略，動而輒括。故終宋之世，競議論而罕成功，當南北橫裂，未有出一技以相加遺者。其已見之行事爲兆者，前韓〔琦〕、范〔仲淹〕、富〔弼〕、歐陽〔修〕，後則李綱、宗澤，而皆不列於儒者之林。伊川有一蘇長公不能容，而晦菴亦力排陳永康爲功利之學。且多推本朝人物，而卑抑漢以（"以"，原誤作"亦"）下諸賢，謂自孟子没，宋儒出，而始接其統，千年架漏百世。聖人復起，未知以斯語爲何如也？若孟子之論則不然，曰："伯夷，聖之清者也；伊尹，聖之任者也；柳下惠，聖之和者也。"雖不得與集大成之聖同科，乃儼然相提並論。然則孟子而在今日，則諸葛忠武、嚴光、徐穉、郭汾陽、韓、范、

---

[1] "商"下，原有"取"字，據邵廷采《思復堂文集》卷七《答蠡縣李恕谷書》，"取"字當屬下句，故刪"取"字。——編輯注。

[2] 省略號處，邵廷采《思復堂文集》卷七《答蠡縣李恕谷書》有十餘字，姚氏乃節引，故以省略號代之。——編輯注。

李、宗、岳鵬舉必得與于夷、尹、惠之倫矣。夫設一格以名儒者，距千百世之英傑于理學心性之外，道之所以不行不明，蓋爲此也。若此類，豈敢爲宋儒諱，又何獨爲陽明護乎？

夫諸葛忠武、嚴光諸人，處身經世未始不合中庸之道。所以遜乎時中者，正以其知之未至耳。足下云中庸之道不可能，一語已盡千聖學脈，而加以戒謹恐懼之功。"知及之，仁必能守之。"海宇雖乏人，得如兄，足以幸聖學之有承矣。

弟非能承聖學者，今所述答，半騰塗說，語次不倫，自知狂惑，終無長進。又年齒衰落，白髮盈首，多爲家道薄俗所沈汩。程子所云"不學則老而衰"，今親歷之！凡慕岱宗、闕里，鄒魯遺躅，思一履躡其地，此願十年竟未之逐。無簞瓢之儲，而不能樂其所樂。我生長途，未知胡底。惟道兄篤切匡之救之！不宣。（節錄原文）

李顒卒，年七十九。

李顒字中孚，號二曲，盩厔人。拔自孤微，終身隱逸。篤宗王學，不尚空談。教學者以先觀象山、慈湖、陽明、白沙之書，以洞斯道大原。專以返躬實踐、悔過自新爲主。一力從切身處逼拶。故其感化力入人甚深。著《四書反身錄》。（據《明遺民所知傳》及李顒之著述）

全祖望〔謝山〕生。〔一七〇五——一七五五〕（據董秉純所作《全謝山年譜》）

康熙四十五年　丙戌（一七〇六）　先生五十九歲

五月，昌邑知縣邵柯亭（字）遣弟坡遺書聘課其兒，先生遂往昌邑。柯亭握手如舊識，待之無異友生。（據《贈宗叔柯亭先生序》及萬經作先生《傳》、朱筠作先生《墓表》）

一日，驟病，尚手抄《宋史》。柯亭過視，有愠容，曰："古所云'好學不倦，耄期強力'者，止於是耶？"先生默然無以應。（據《贈宗叔柯亭先生序》）

七月，作陶先生〔必昌〕《退園記》。（據原文）

在昌邑二三年，作有《贈宗叔柯亭先生序》、《送虞廷宗叔令西川序》、《孫子杜廟記》、《代張昌邑壽萊州署守高公序》、《代人壽萊州司馬梁公

序》、《登州觀德亭記》、《跋紀養說》、《黃忠宣記》、《祠堂記》。（皆據原文推定）

康熙四十六年　丁亥（一七〇七）　先生六十歲

正月初五日，六旬誕辰，隱祕不宣。惟燃燈爇香俯伏而號曰："嗟乎！廷采生之歲，吾母死之年也，其誰死吾母乎？而尚生爲？"（據邵國麟所作念魯先生本傳）

是年似到萊州（掖縣），曾爲兵備道白某作《重建萊州府文昌閣記》。（即據此文及萬經所作傳）

久欲集《宋遺民傳》，是年始獲周草窗、陶久成二書。朱約傳(字)雅有同志，與其門人王修竹（受禎）、弟裔〔梅山〕師生三（原誤作"二"）人，徧搜越中書肆，博訪故家，得手抄殘缺十餘頁。合前賢詩、詞、碑述，惓惓郵寄昌邑。先生因於病餘屬草，名曰《宋遺民所知傳》。入傳者，自謝翱以下，王炎午、張千載、鄭思肖、王英、孫唐珏、林景熙、鄭宗仁，凡八人。（據原傳及其跋語）

另嘗作《宋將作監簿修竹先生傳》、《書會稽宋陵始末》。《明遺民所知傳》，亦正屬草。入傳者，凡四十八人。章正宸、熊開元、張利民、劉汋、徐枋、姜埰、金堡、李顒、陳恭尹、楊湛露、余增遠、徐復義、張廷賓、呂章成、施博、陶復、陳洪綬、楊正經、陳貞慧、沈壽民、巢鳴盛、王一翥、包捷、邵泰清、汪渢、鄭鉉、張岱、談遷、于穎、王正中、劉永錫、王弘、魏公韓、張遺、張不二、朱兆殷、朱之璵、鄧凱、萬斯大、顧炎武、嚴瑋、葉振名、魏禧、韓位、鄧大臨、謝泰臻、戴易、周茂蘭。

【商榷】　丁亥《復龔侍御書》云："《遺民傳》尚未刻，新正又續寄六篇歸，皆非酬應者。大約後刻先完，而前刻仍須自出資耳。"此六篇未知是宋是明。《宋遺民所知傳》僅有八篇，此云"又續寄六篇歸"，則前此已寄歸必甚多，《明遺民所知傳》亦必在內，既確知《宋傳》作於是年，亦可定《明傳》作於是年。

關於明人志傳，有《明戶部尚書死義倪文正公〔元璐〕傳》、《明都御史李忠文公傳》、《明副都御史謚忠介施公傳》、《明巡撫蘇松副都御史世培祁公傳》、《余陳陳三公傳》、《少師恒嶽朱公傳》、《明督師白谷孫公傳》、《明侍郎格菴章公傳》、《明侍郎遂東王公傳》、《瑞麥里二高士傳》、《明江陰縣典史閻應元傳》、《宦者王永壽傳》、《書思陵始末》諸篇。

作序贈膠州知州龔樸菴(字)，略曰：

……念曩時師友略盡，每支枕太息，安得有置身千仞、引百丈竿、挽我崖塹而上之？以此行游南北，竟未一得，豈氣運日漓，士之鍾生者特少耶？抑其前本無師承，雖有才性，伏而不出耶？則又念古人交友，尚賢、貴貴、上下，統謂之義。宋洛社耆英，主之者文〔彥博〕、富〔弼〕二公，而處士堯夫〔邵雍〕與焉。當時以爲非得此不光，今去此世非遠也，人猶古也。布衣之徒，求士於布衣；公卿大夫之賢，論交於公卿大夫，而外是輒掉頭去不顧。其何以盡天地生才之境，而罄忠益之途？皆所謂狹也，非僅僅道德不彰而聲譽不流之謂也。今布衣之交，采略已歷之矣，不能無意於公卿間，請質之先生，以爲容有其人乎？誠有其人也，彼〔郭〕林宗、〔徐〕孺子，常栖栖也。雖無所假援手於氣勢，標幟於聲名，猶將束生芻、提墊巾而往焉。或負其崇高，以公禮相倨，則有退屏祕圖之石，行歌樵逕之風，與麋豕長逐已耳。夙奉教於先人，違昔賢未同而言之戒，又有所不敢也。……

始識龔翔麟於昌邑，遂訂交(據龔翔麟所作《文學邵念魯先生墓誌銘》)。旋得其來書復之，略曰：

鄙人……自分衰憊，永絕人世；今遇先生，勃勃復有生氣。感能以道義成我也。

《遺民傳》尚未刻，新正又續寄六篇歸，皆非酬應者。大約後刻先完，而前刻仍須自出資耳。脱忘米桶爲此騃事，知友皆笑狂愚，獨先生不然。內省病根，祇緣壯心未已、名心未除，是一生痼疾。昔宗中先輩曾下頂門針云："凡有好高立異之念，皆自生障礙。究竟成一好名之士，於真正學問全然不得力。"此話迄三十年，不能出其範圍。……

無本之文，明知當棄，未能超然捨去，亦差愈於市廛白望諸人耳。正恐彼營實利，此鶩浮名，相誚還無已也。雖然，金銀銅鐵總出山隈，要在良冶分別而均鎔之，則鐵猶金也。今日爲采良冶者，非先生其誰？……

書內附致朱彝尊一函，請龔翔麟轉交。(即據《復龔侍御書》)

有一子隨侍昌邑。（據《復龔侍御書》）

近年作《治平略》，有序。《序》曰：

  仁和章士裴〔淇上〕訂補豫章朱健〔子强〕《治平略》爲三十五卷，學該而力勤，於明事尤核。長洲蔡方柄〔九霞〕先有是書，然措意止在舉業，而明事不具。余思取章先生書輯之，惜其目緒太繁，文亦少鎔鍊，如望滄海三山，迷（原文作"迷三山"，誤）漫不得要領。乃轉尋己意，以貫串古事，半存舊文。手抄三月，得文十二篇，皆時所當先者。不欲仿蘇氏直入議論，乃名之曰"略"。蓋政與世移，旬月之間，情勢萬變。吾之所論，未必遂可施行。而今所難行，又未必不可施於後。故每兩存其説，令識時務者會心而自擇取之。不然，書陳陳充棟，如不能用，何益？嗟乎！吾曩者有意天下之事，今老矣！此十二篇中，亦多雷同勦説。然致用豈在高奇？何必黄石之書爲祕，而老生常談爲闊乎？受業弟之旭（或是柯亭之子）及龔生培學請鐫板，省傳抄。余笑曰："是又將爲舉業用耶？"之旭曰："舉業固以經世務，先生無輕量天下士。"次其語簡端，付梓人。（即據原文）

十二篇者，一《田賦略》，二《户役略》，三《國計略》，四《農政略》，五《倉貯略》，六《水利略》，七《鹽法略》，八《錢幣略》，九《關市略》，十《刑律略》，十一《弭盜略》，十二《河防略》。今録其《倉貯略》曰：

  管子曰："守國者守穀。"計然曰："歲在金，穰；水，毀；木，饑；火，旱。六歲穰，六歲旱，十二歲大饑。"聖人知天地之反，先爲之備。《周禮》三十年之通制用，常有十年之蓄。天子、諸侯，春秋補助；下至公卿有禄，咸取陳食。農人不待饑而後糴賑。自巡狩、述職廢，井田壞，天下之民聽其自生自死，有田者不自墾，而能墾者非其田，雖蠲租賜復，而貧弱不與。有心者無運世之柄，第可隨時補救，則積貯爲急。

  平糴之法，起李悝。糴甚貴傷民[1]，甚賤傷農。使民無傷而農益勸，莫如平糴，所謂任地力是也。"

  常平倉之法，由耿壽昌。漢宣帝時，穀石五錢，農人少利。壽昌白令邊郡皆築倉，穀賤則增價而糴，以利農，貴則減價而糶以利民，名曰"常平倉"。後世用之。

---

[1] "糴"，原脱，據邵廷采《思復堂文集》卷九《倉貯略》補。——編輯注。

義倉之法，自長孫平。隋開皇中，平奏令諸州百姓當社共立義倉。秋成，量上中下户勸輸粟麥，委社司收支，歲饑以給社人。取之民薄，給之民近。有常平以平價，而又有義倉以行賑。唐貞觀中，戴胄亦請行之。

　　廣惠倉之法，始於宋嘉祐二年。樞密使韓琦詣無粥没入户絕田[1]，而募人耕，收其租，别爲倉貯之，給州縣郭内之老幼貧疾不能自存者。

　　王安石用事，以常平、廣惠之糶本爲青苗錢。蘇轍爭之，司馬光以爲散青苗錢之害猶小，而壞常平倉之害尤大。安石皆不聽。

　　社倉之法，詳於宋乾道四年。時建安饑，浙東提舉朱熹請於府，得常平米六百石賑貸。每年斂散，取十二之息。積十四年，以六百石還府，得息米三千六百石，以爲社倉，不復受息。嘉定末，真德秀帥長沙，亦行之。

　　明洪武元年，詔天下府州縣立預備倉。

　　永樂、宣德中，南直巡撫周忱置濟農倉，蘇、松、常各貯米三十萬石。會是年夏旱[2]，盡出以賑，猶不足。忱與蘇州知府況鍾等謀："三府故運糧百萬石貯南京倉，給北京軍職月俸，率六斗致一石。獨不可使彼受於此乎？若來此給之，既免勞民，且節費六十萬石，以入濟農倉，農無患矣。"具聞於朝，從之。明年又旱，大發濟農倉米賑貸，忱之力也。

　　弘治中，都御史林俊請募民輸貲入粟，補散官贖罪，爲常平本。又募民各以私立義倉、義學、義冢，爲"三義"。詔州縣儲粟三年[3]，必周一年之餘。計里積穀，吏以其事最殿。

　　嘉靖中，以州縣積穀無濟實用，有欲罷之者。或以不可輕議變法爲辭，乃詔減其額。然州縣大者猶數萬石，小者數千石[4]，所在取盈。有司作威生事，反失濟民初意。又斂散失時，多至紅朽。及當行

---

[1] "詣"，原誤作"請"，據邵廷采《思復堂文集》卷九《倉貯略》改。——編輯注。
[2] "夏"，原脱，據邵廷采《思復堂文集》卷九《倉貯略》補。——編輯注。
[3] "詔"，原誤作"詒"，據邵廷采《思復堂文集》卷九《倉貯略》改。——編輯注。
[4] "者"，原脱，據邵廷采《思復堂文集》卷九《倉貯略》補。——編輯注。

賑[1]，非奏請不敢擅發。

隆慶初，户部奏免積穀不如額莨州知州尹隙可等三十六人，吏部以非正賦，宜差別輕重，持之甚力。於是官民並以積穀爲屬，而積貯之政不可爲矣。

靳學顔，深計士也。隆慶五年，巡撫山西，上疏曰：

國家建都於燕，北極窮邊，更無郡縣。守在強隣，雖有東齊西秦，勢不相及。自京師南至江淮[2]，無名山大澤之限，強藩與國之資，所恃爲股肱心腹者，惟河南、山東、江北、畿内八府之人心耳。其人率鷙悍而輕生，易動而難戢，游食而寡積者也。一不如意，則輕去其鄉；一有所激，則視死如歸。八府遇荒，則走山東；山東遇荒，則走江北。一夫作難，千人響應，往事蓋屢驗之。然弭之之術無他，不過曰恤農以繫其家，足食以繫其身，聚骨肉以繫其心而已。

自故中原空虛，未有如今日者也。漢以前有敖倉，唐以前有洛口諸倉，唐有義倉，宋有常平倉，隨地貯穀，不專在京師。今徐〔州〕、臨〔清〕、德州雖有官倉，止爲寄囷，原無存積。唐義倉王公以下皆有入，是以其積獨多。所謂法令之行，自貴近始也。宋則準正稅額二十分取一，以爲社中歉賑極貧，以次及中户、富室，所謂恩澤之加自無告始也。

請下各省以唐、宋斂穀之法爲則，在官倉者，時其豐歉而斂散之，利歸於官，民有大饑則以賑之；在民倉者，利歸於民，雖官有大役，亦不許借。藏富於民，即藏富於官。上所爲南面而恃以無恐者，根本在此。今之計者，不憂穀不足，而憂銀不足。夫銀實生亂，穀實弭亂，銀不足而泉貨代之，穀不足，則孰可以代者哉？

時不能用，論者惜焉。

與《治平略》同性質者，有《史略》六篇。惟一則上下古今，一則注重明代耳。《史略》篇目：一《治體》，二《兵制》，三《宗藩》，四《宦侍》，五《海防》，六《太學》，七《州郡》。其《治體》略曰：

建武重名節，建隆崇儒術，庶乎離遠功利之習。明太祖承元後，

---

[1] "及"，原誤作"又"，據邵廷采《思復堂文集》卷九《倉貯略》改。——編輯注。
[2] "師"，原脱，據邵廷采《思復堂文集》卷九《倉貯略》補。——編輯注。

參用刑辟,以輔德、禮。其時,文學諸臣進以忠厚寬大、祈天永命之論,上稽首受昌言曰:"吾以救世也,內斷於心。"持之三十年,然後人紀肇修,彝倫攸敍。歷世相沿,遂成治體。成祖、世宗師其遺意,用壹威權。萬曆初年[1],張居正作相,天下清明,邊陲乂安。由其力修實政,屏卻空文,以嚴爲治。前後相業,未有能越之者。自後朝綱叢脞,委任貂璫,遂養光、熹之禍。思陵謀振之以英勵,而紬於知人之明,所用非養。大君孤立,賢親無輔,遂以隕祚。此後王不能率由之過,非作法之有失也。然則秦人之與明人,用心殊而收效大異者[2],一主於德、禮,一極夫刑名也。明祖,鑄刑書之子產也,然而猶有遺愛焉。斯意也,孔子表之矣。

康熙四十七年　戊子(一七〇八)　先生六十一歲

自昌邑入京,館商丘宋至〔山言〕家。宋至、萬經欲邀與《一統志》館,先生謝曰:"老矣!"(據萬經作先生《傳》及《墓誌銘》、朱筠作先生《墓表》)

康熙四十八年　己丑(一七〇九)　先生六十二歲

春,自北京啓程回里。清和節,舟過濟寧。(據《贈陳匯萬序》)

五月,歸自北京,伏宿郡城能仁寺。門人董思靖時來問訊,介陸卜甌飲以湯藥。病愈,作《贈陸卜甌序》。(即據此序及萬經作先生傳及《墓誌銘》)

作《贈陳匯萬序》、《探珠集序》、《子志劉先生七十序》、《蔣烈婦墓誌銘》(據各下題下注及內容)。又爲萬經之父作傳。(據萬經作先生《墓誌銘》)

熊賜履卒,年七十五[3]。

熊賜履字青岳,又字敬修,號素九,別號愚齋,孝感人。仕至武英殿大

---

[1] "年",原脱,據邵廷采《思復堂文集》卷九《史略》(治體)補。——編輯注。

[2] "心"下,原有"不"字,據邵廷采《思復堂文集》卷九《史略》(治體)刪。——編輯注。

[3] 此條誤編入"康熙四十七年"條,據《清史稿》熊賜履本傳"四十八年,卒,年七十五"語,移置本年。——編輯注。

學士兼刑部尚書。康熙十五年罷官卜居江寧。著有《閑道録》、《下學堂劄記》、《些餘集》、《學統》、《學辨》、《學規》、《澡修堂集》等書。以推宗朱子攻訐陽明爲康熙帝寵遇。與李光地、孫承澤輩標榜聲氣，朝野之士，譁然從之。相與牽引訛訶，以陽明爲異端，以能毁陽明爲有功《章句集註》。先生深疾之，以爲："是不足辯，顧在力行耳。"康熙三十四年，賜履弟賜瓚以捐納舞弊，奏對欺飾，下獄。御史龔翔麟劾賜履僞學欺罔，請并治罪。有旨"勿問"。翔麟，先生晚年摯友也。（採《國史儒林傳》之《邵廷采傳》、龔翔麟之《邵念魯墓誌銘》、孔繼涵之《熊賜履年譜》）

朱彝尊卒，年八十一。

朱彝尊字錫鬯，號竹垞，秀水人。康熙十八年舉博學鴻儒，與修《明史》，旋告歸。著有《經義考》、《日下舊聞》等書[1]。（據陳廷敬所作《朱彝尊墓誌銘》）

　　康熙四十九年　　庚寅（一七一〇）　　先生六十三歲

作《明儒王子陽明先生傳》（據萬經所作先生傳），略曰：

　　先生名守仁，字伯安，紹興餘姚人。講學於陽明洞，自號陽明子。……

　　弘治……十七年……湛若水……一見定交，相期倡明聖學，門人始進。

　　正德元年……明年，提學御史席書聘主貴陽書院，率諸生問學，始論"知行合一"。

　　居龍場三年，動忍增益，中夜得致知格物之旨。默證《五經》，無不合，著《五經臆説》。

　　四年……始論晦菴、象山之學。

　　七年……從遊學者日衆。始教人靜坐，閑天理、人欲之分。

　　九年……始揭"致良知"之教。

　　十年……居南昌，求録陸象山子孫，集門人於白鹿洞。

　　嘉靖元年二月，丁外艱，居越。弟子益進。

---

[1] "義"，原誤作"驗"，據朱彝尊《經義考》改。——編輯注

三年八月，宴門人天泉橋。四年，會龍泉山中天閣。十月，立陽明書院於越城（紹興）。

六年……卒，年五十八。

自宋世理學昌明，程、朱大儒，擇精語詳，有國者至以《五經》《四書》制科取士，可謂盛矣！然人人崇用朱傳，而不知反驗之身心；口之所能言、筆之所能書，顧茫然也。先生思振其衰弊，以爲人皆可堯舜，獨恃此不學不慮之良知，而作聖之功，不廢學、慮。孩提之不學不慮，與聖人之不思不勉，本體同，而求端用力在於致。《大學》"致知在格物"，《中庸》"致中和"，"致曲"，推而極之，畢天下之能事，至于天地位、萬物育，而非有加良知也。

孔子曰："我欲仁，斯仁至。"不得謂良知之遠且難也。曾子曰："仁以爲已任，任重道遠。"不得謂良知之近且易也。良知即明德，是爲德性。致之有事，必由問學。尊德性而道問學，致良知焉盡之矣。故謂象山爲尊德性，而墮於禪學之空虛，非尊德性也；謂晦菴爲道問學，而失於俗學之支離。非道問學也。非存心無以致知，後人自分，而晦菴、象山自合耳。

顧晦菴之學，已皎然如日月之麗天。先生欲表章象山以救詞章帖括之習，使人知立本、求自得。故其言曰："朱、陸二賢者，天資頗異，途徑微分，而同底於聖道則一。"其在夫子之門，視如由、賜之殊科焉，可矣；而遂擯放廢斥，若砝砆之于美玉，奚爲也？

至于"四無"之說，流失在龍溪〔王畿〕。而天泉夜論，其師不以爲不然，故滋後人口實，然其中正有可詳求者。陽明之所爲"四無"，固異於龍溪之所爲"四無"。龍溪之所謂"四無"，以無爲無者也。蕩而失歸，恍惚者託之矣。故其後爲海門〔周汝登〕、爲石梁〔陶奭齡〕，而密雲悟之禪入焉。陽明之所謂"四無"，以無爲有、以有爲無者也。前乎此者，濂溪之無極而太極；後乎此者，蕺山之無善而至善。"上天之載，無聲無臭"，"形而上者謂之道"，是不可名者也。故知善知惡是良知，爲善去惡是格物，統中人以上、中人以下，循循焉俱由此二言入。教人有序，雖卓立嘳嘆之顏子，不能出其範圍，固當以緒山〔錢德洪〕之所守爲正矣。

致良知實功，唯爲善去惡，故曰"致知在格物"。其小異於朱子者，正心誠意之事，并攝入格致中。舉存心、致知，不分爲二，是固《中庸》尊德性、道問學之本旨也。……

論曰：道固一貫，其流則萬。析焉既精，支離是患。儒者之學，固以經世務爲驗者也。昔孔子作《春秋》，空文當行事；孟子游事梁、齊，闢其言弗用。漢董、賈，宋周、程、張、邵、朱諸賢，未得大展所爲。陽明遭際運會，值昏亂之朝，而能以勳名完立，卓然爲一代安國家、定社稷元臣。即其初謫龍場，亦有一紙書剪安之烈，使天下見儒者經綸無施不可。蓋皆其學之厚積有以發之。忌者顧從而指爲僞，甚矣。石齋黃公〔道周〕稱"先生氣象類孟子、明道，而出處建功之跡近于伊尹"，知人知言哉！（據原文）

《王門弟子所知傳》，似亦作於是年。其序曰：

周室既衰，治教分統。文、武以前，有王者，必有名世相與裁成，輔相天地，以興治平。其後匹夫當素王，亦有門弟子講聞切究，明先聖之道，以覺後學。自仲尼没而微言絶，七十子之徒遵揚謨訓，大義不乖。戰國時，莊、列、申、韓，"異同""堅白"，三鄒子之學，可謂棼亂矣。然及秦没漢初，百家皆息，而孔子之道獨明，以有顔、曾、子貢、游、夏、思、孟之家法，世世傳守弗衰也。孟子之門，有師無弟，設爲問答，纂著七篇。大闢仁義王伯之辨。其教與孔子之"引而不發"殊矣。所以然者，以無顏、曾、子貢、游、夏諸賢親與鈞陶成就，不得已存語言文字，俟後之君子以心相接，越千百年稱爲絶學。以知道有統會，學有師承，寧非自天鍾生，五百年隆運相須以起，不可多遘哉！漢董子大儒，門人未有著録。馬融、鄭玄傳經絳帳，何與開繼？王通河汾之教，殆其庶幾。自是至有宋，程、朱官牆，號稱多士。程有尹、楊、遊、謝，朱有輔、蔡、黃、饒[1]，覃及金華、東陽，亦能敬守所聞，開明治之盛。由此言之，道之不行而得明，不可謂非從游有助也。陽明之世，門士多矣。其師實能開誘吟風立雪、浴沂詠雩，灑然窺孔、顏樂處。時雖有"僞學"之禁，而信道彌堅。後稍龐雜，隆極而微。持盈砥柱之

---

[1]　"黃"下原衍"蔡"字，據邵廷采《思復堂文集》卷一《王門弟子所知傳》刪。——編輯注。

功[1]，可不謹哉！故擇其有功傳習徐愛、錢德洪、鄒守益若而人[2]，而審別其未醇者。若夫澤遠志勤，識操純確，則亦附之私淑，以見聖道之大。豪傑之士無所待而興起，固前哲所樂引也。

入傳者凡十九人，徐愛、錢德洪、鄒守益、季本、羅洪先、南大吉、董澐、朱節、徐珊、夏淳、胡瀚、范引年、柴鳳、孫應奎、聞人銓、趙錦、張元忭、王畿、王艮。末附宗王畿"四無"之説者五人：周汝登、陶望齡、陶奭齡、羅汝芳、楊起元。而孫鑨、陳有年、施邦曜、孫嘉績，皆另有傳。熊汝霖入《劉門弟子傳》。沈國模、管宗聖、史孝咸、史孝復，入《姚江書院傳》。論曰：

於乎！王、劉道同也，弟子豈各分門户哉？然而致知誠意，因時指授，取其篤信，不必定宗一家也。（據原文）

作《蔣節婦童孺人墓誌銘》、《贈會稽胡謹菴先生序》、《寧波萬氏世傳》。（據原志文、序文及萬經作先生《墓誌銘》）

康熙五十年　辛卯（一七一一）　先生六十四歲

春，刻《治平略》十二篇。（據萬經作先生《傳》）

夏，訪龔翔麟於杭州，爲其父立傳，並作《田居記》以贈。（據龔氏所作先生《墓誌銘》）

四月，膈疾作，渡江歸會稽。（據龔氏所作先生《墓誌銘》、邵國麟所作先生本傳、萬經所作先生《傳》）

預立《遺命》，其序曰：

余本有清明之質，又承祖父教育，師友皆賢良，向是聖門路上人。後值家勢艱難，因循叢脞，日削歲剥，喪厥生平。今歸期就近，復覩此心，恍還故我，作《遺命》以誡四子。

《遺命》（朱筠所作《墓表》誤稱爲《遺訓》）略曰：

……追數六十四年中，蹉跎舉場凡十四科，以外艱承重不應試者再，元配龔產亡，適當試時[3]，不應者一。又以授經山左不應者一。

---

[1] "柱"，原作"砫"，兩字通用。此乃引文，兹據邵廷采《思復堂文集》卷一《王門弟子所知傳》改。——編輯注。

[2] "擇"，原作"於"，據邵廷采《思復堂文集》卷一《王門弟子所知傳》改。——編輯注。

[3] "時"，原脱，據邵廷采《思復堂文集》卷十《遺命》補。——編輯注。

其餘無試不與。於舉業亦嘗悉心殫力研磨，豈非行薄，不獲蒙當世之榮昧乎？然吾本意初不在此，此意亦難與外人言。既身爲此事，又說不欲，人以我非迂則誣。所以不欲而仍業此，久不割棄，無非念祖宗門户，遂爾姑試十擲。其擲去中不中，自己全不主張。至今日則曰：天之所以玉我者，在此不在彼也。外人不知，其以是言謂我病狂喪心矣乎？汝輩則決不可爲此言、設此想。擲必命中，亟須修行。祖宗即天，念祖宗即念天，修行即念祖宗。汝父行薄，無令吾之遺囑延及汝曹，重獲罪於天。

易菴公臨没時，尚無子。翁太君植遺腹以迄於今又四世。此事極不可忘。魯公先生纔二子，其季余叔父[1]，後惟實公。鶴閒先生兩子，止留一，爲余。余哀念無兄弟，恐一旦不可諱而斬先人後，故兢兢保守，於袵席間尤慎。……

吾又自度虚生於世，雖不取榮，不至大辱。被人譏彈有之，尚未交手唾面及遭刑戮。固感上天祐憐，亦由我懷刑蒙垢，始終戒畏。大抵謙恭下人，高可集福，次亦寡怨消尤。《易》曰：“崇效天，卑法地。”《書》曰：“謙受益，滿招損。”聖謨洋洋，教人立身處世之道，胡不勉之？

客冬，語承張云：“吾不以兒子待汝，直以祖宗待汝。”斯言痛絶！又寄承明云：“‘時事未定，天命可畏’八字，聖賢心法，亦千古定形。”知時事未定，可絶無妄之求；知子孫即祖宗，則愛非私恩，孝可不念遠哉！

至於卜居一事，死必首丘，内斷於心，不以二三婦人言易。吾先人祠墓欲留會稽者，任自謀之，不汝禁也。

吾爲祖宗之意無窮。靖州公、易菴公、六佐公三主廟食，須六十金。大父、父兩世布衣，不可開此變例，須袝食小宗。或子孫能封三代，則時至義起，更可恢廓規模。東野公、海州公各須增祭田。此皆不欲託之空言者。吾已老廢，汝曹能續吾心乎？汝行之，即吾行之矣！又吾……就婚汝母，三十餘年來[2]，撫噢汝曹，一女四子，皆外祖母王太君之德。欲於陶祠附田數畝，長佐粢盛，汝曹亦必識

---

[1]　“父”，原脱，據邵廷采《思復堂文集》卷十《遺命》補。——編輯注。
[2]　“來”，原脱，據邵廷采《思復堂文集》卷十《遺命》補。——編輯注。

之！……

　　余之所爲,不可以告於帝、對人言者,多矣。古人知非而化,猶云寡過未能,況余小子乎？

　　吾之不獲已,而刻《思復堂》一編,誠以師友之傳習在是。且推揚魯公先生爲後進所忌[1],吾實非阿其祖,先賢先師之靈可質告也。身既被放,故藉此以表先人懿德,冀當世有推挽者。此編幸而獲留[2],亦邵氏一家之事也,吾豈敢希千載之遇於吾子孫哉？惟幸不毀,固藏此板,便爲善養吾志。

　　四時之序,成功者退,勉旃！各自愛,早克樹立,無貽畢生後悔,令妻孥啼號之憾與歲月并也。繫之句曰:"我年配《易》數,慚與昔賢同。文章經世業,天地共虛空。"(抄原文)

五月二十六日,先生卒於會稽陶氏甥館,年六十四。(據龔翔麟、萬經所作先生《墓誌銘》)

　　彌留,顧仲子承明曰:"死後不作佛事,瘞大父墓下,無違吾言。"(據萬經所作先生《傳》)

　　已,指《思復堂文集》曰:"吾生平心血,多耗於此,最足貴者,勿漫示人,汝貯存之。"

　　已,又大聲呼仲子承明操筆,口授改訂所著《史論》"薛文清"一則,曰:"吾恐長後起君子訾議也！"(據邵國麟作先生本傳)

　　既卒,宗黨暨從游者私諡之曰文孝先生。(據龔翔麟作先生《墓誌銘》)

---

[1] "揚",原脱,據邵廷采《思復堂文集》卷十《遺命》補。——編輯注。
[2] "此",原誤作"在",據邵廷采《思復堂文集》卷十《遺命》改。——編輯注。

譜　後

譜主事蹟之無年可繫者

先生未得見張煌言,而曾讀其《冰槎集》、《奇零草》,悲其志。又從劉翼明、葉振名問悉煌言生平(據《東南紀事·張煌言傳》)。嘗三過山陰湖塘里訪振名,被其容接。振名出濁醪酌先生,語及興亡之際,言隱而慮深,同坐者不解也。(據《東南紀事·葉羅兩客傳》)

先生嘗遊吳淞,遇梁化鳳部將管某,講坐作繫刺之法,一月而盡。管某述己亥在南京城外與鄭成功戰事頗悉。(據《東南紀事·鄭成功傳》及朱筠所作《邵念魯墓表》,但朱筠以"吳淞"爲"鎮江",誤)

董瑒與陳恭尹交,詢其父邦彥遺事。先生又從瑒聞之。及得馮再來《隨筆》,益信邦彥家庭師友所受不苟。(據《西南紀事·陳邦彥傳》)

先生纂《金堡傳》,凡數改稿,卒乃存其奏議,略其彈文,以俟後之君子討定焉。堡爲僧後,嘗作《聖政詩》及《平南王年譜》,以山人稱頌功德,士林訾之。先生初未信,及問之長老,皆云。(據《西南紀事·金堡傳》)

先生嘗得鄧凱《也是錄》,讀之,不勝悲悼,後採之入《西南紀事》。(據《西南紀事·鄧凱傳》)

先生初讀《傳習錄》,無所得。既讀劉宗周《人譜》,曰:"吾知王氏學所始事矣。"(據《國史儒林傳》本傳)

先生貌甚豐,髯早白,衣冠類古,言動有禮。(據龔翔麟作先生《墓誌銘》)

先生門庭潔如居室,必正坐。飲酒數升不亂。酒酣以往,談忠孝事,人人感動。生平篤於三黨,養老姑。終其身。(?)從弟廷英數喜言硯蠱之術,固乞先生束脩所入行賈,輒喪之,弗問也。友教陶家堰,有隣婦訕聲出於閨,聞邵先生過,輒止,一年而改。鄉里童子遭先生於道,必拱手立。然士之爲俗學者,輒貌敬而心迕之,竟莫肯傳其學。(據朱筠所作先生《墓表》)

譜主之兒孫及其著作

先生生子四:長承濂,次承明,次承張,季承朱(據龔、萬所作《墓誌銘》)。平日訓子,必曰:"貧賤,常境也。常,可安也。富貴,暫境也。暫,不必羨也。惟家庭不可不孝友,書不可不讀。不孝友,見惡於父兄,何況疏者? 不讀書,見鄙於州里,何況遠者?"乃書"承先惟孝友,昌後在詩書"十字,誡曰:"子孫錫名,其準諸此。"其後有孫九人。(據萬經、邵國麟、朱筠所作先生《墓誌銘》、《本傳》、《墓表》)

【考異】 龔翔麟、萬經撰先生《墓誌銘》,皆云:"四子:承濂、承明、承張、承朱。"萬經撰先生《傳》,又改爲"師濂、承明、繼雲、繩朱。"邵晉涵撰先生《行狀》、朱筠撰先生《墓表》,又云:"四子:承濂、承明、繼雲、承朱。"略有參差,想係異名別號也。

女二:一龔夫人出,適蔣申,先卒。一陶夫人出,適陶原達。(據龔、萬所作《墓誌銘》)

所著書有:《思復堂文藁》前集、後集,《東南紀事》,《西南紀事》,《宋遺民所知傳》,《明遺民所知傳》,《治平略》,《詩經兒課》,《禮記節要》等編。〔據《思復堂文集》各篇〕(此其生前所刻單行之書也。今僅前三種尚單行,第四至第六種併刻入文集,最後二種則已佚亡矣。)

【考異】 萬經謂先生嘗作《五世年譜》,不見先生自述,殆即今存《五世行略》之異稱也,在文集內。又《姚江書院志略》一書,乃先生蒐輯史料,付董瑒作述者,《志略序》已明言之,非先生自著之書也。諸爲先生作誌傳者,皆謂先生著《姚江書院志略》,誤。

先生卒後,門弟子合記、序、雜文,編之爲《思復堂文集》二十卷,刻焉。(據朱筠所作先生《墓表》及《國史儒林傳》)

批評先生文章,其姓名語句見於今本《思復堂文集》各篇後者,今仍其舊稱,錄存姓字於下:朱夏夫先生,張敬可先生簡,吳逸茮先生(又稱吳逸苊),吳次張先生,陶及甫先生(又稱陶及甫),叔祖培風先生,潘文水先生,孟蓼村,單楚林,金赤霞,叔戒三先生,章刻華,何玉羽,王介三,金冢臣,孟孔木,章錡湘維,吳紹文,姜介三,祁慎原,朱穎倩,胡載歌,李恕谷(又稱李剛主),王志宣,毛西河老師(三見),陶士偉,金赤蓮〔三見〕(又稱先生),弟寧遠,高則之,黃主一,俞康先(又稱先生),史華青,叔子異,叔虞廷,朱約傳,許子敬先生,毛姬潢,章宗之,弟夏時,黃咸士先生,弟之旭,陶克幾先生,范石書(二見),陶子千,弟向榮,弟履嘉,姑夫孫德遠先生,龔樸菴先生,龔培學,叔柯亭先生,仁和王百朋,吳洵冲,劉信侯,王克安,弟宣猷,金素亭先生,祁舜可先生,莫掌綸,萬授一先生〔五見〕(又稱萬授一),胡導九,姜汝高先生,王維四先生,黃梨洲先生,姜公縞,弟咸甫,倪載屏,陶穎叔,弟越先,張夢符先生,王子如,壽佳峰,堵蔣甲,沈謙三,孫南屏,朱用輝,李天山,諸卓山,倪元功先生,馬籛侯,陳芹溪,任左璧,陶式南,劉序思[1],弟元榮,叔父天章先生,陶德燾,呂遠思,叔崑琰,童慎樞,凡九十人。

譜主死後有關係之事

康熙五十一年　壬辰(一七一二)　先生卒後一年

雲南俞公卿擢守紹興,為先生立傳,載於《紹興府志》。略謂:

> 先生字九思……好求經世大略。每談忠孝節烈事,奮袖激昂,神氣勃發。……於明末諸臣尤能該其本末,搜訪掇拾,欲成一書,稿初就,未竟而卒。(據萬經作先生《傳》及《紹興府志》)

【商榷】　先生字九思,不見他處。俞公卿作傳,距先生沒纔一年,不應有誤。竊疑"九"與"允"形似,"思"與"斯"音同,《紹興府志》重修數次,難免文字之訛誤也。又先生關於明末諸臣之書,皆已脫稿,且大半付刻。此云"稿初就,未竟而卒",豈先生晚年又有所述作耶? 不可考矣。

---

[1]　"劉序思"上,原衍"朱約傳"三字,據本頁上"朱約傳"刪,與下言"凡九十人"合。——編輯注。

山陰王揆〔祇如〕作《思復堂文集序》。略謂：

念魯先生自言曰："文章無關世道者，可以不作；有關世道，不可不作；即文采未極，亦不妨作。"（龔翔麟作先生《墓誌銘》，亦有此語）嗟乎！此先生是編之所以作也！今世之善古文詞者，類皆習於淫靡，務於美觀，工於奔競，而其性情汩没焉。先生恥之，一洗庸碌鉛槧之羞。起衰救弊，先生之功偉焉。先生性恬退，不求聞達。當道縉紳爭羅致之，爭交譽之，先生勿顧焉。故以諸生老。其文章高，古樸茂雅，與身相等。世必有識之者，余可無論也。……（據原文序及其自題年月）

康熙五十二年　癸巳（一七一三）　先生卒後二年

冬十二月癸巳，四子葬先生暨元配龔夫人於慈谿二十都太平湖龍山廟左，祔先塋之次（據《墓誌銘》）。友人龔翔麟、萬經各爲作《墓誌銘》，門人陶思鼎爲作《墓表》。《表》有曰：

往時余從先生游，先生執余手，娓娓道文成天泉夜論時光景，及橫山、緒山相繼之統。曰："人心不死，端賴斯脈，昔遺韓先師教我如是！"言訖，淚琅琅下。夫王門師弟之功過，在先生原未嘗偏執依附於其間。特以衞孔、孟者攻二氏，衞君父者攻楊、墨。王門非二氏、楊墨比，則吾亦第有謹持師説，以體驗於毫釐而已。若夫執兩用中，聖人復起，自有歸宿。……

先生上窺下逮，自封建、學校、農屯、軍政、天官、輿圖諸書，無所不讀，而獨不雜於神仙、浮圖、蟲魚、小説，其他則皆發爲文章。顧尤覃精史事，嘗自謂："生平頭白汗青，西清、東觀，差堪以老布衣與聞掌故。"自先生没後，豈惟東南道學一傳景響頓絶，即欲求三百年遺案，與夫勝國軼事，而訛舛隱諱，亦無從徵信於萬一已！……

惟是百十年餘，學者聞風興起，慨然欲從金華四君子以追閩、洛，因而求先生之文，以溯洄陽明遺緒，則先生固抱祭器之冢子也。數小宗、大宗者，其必由是矣。……

先生當科舉盛熾之時，獨以其所得於父祖、師友者，服膺弗失，迄白首,寒餓而不改柯,若張子厚之欲自爲井田,經營試驗於一方。心彌苦矣,空言何補?然而先生自五世祖暨其後嗣,綿綿延延,有完行而無闕德,則先生之道,亦不可謂不明不行已矣。

邵國麟作念魯先生本傳。論曰:"……先生爲陽明辨心體,爲蕺山證慎獨,則知先生非徒文士,蓋取舍宗乎孔、孟,議論擇其精微者也。"又曰:"先生樹品,師大父魯公公;多聞識古文辭,師徵君黃宗羲、翁山屈大均。"(據原文)

萬經亦爲先生作傳。

康熙五十四年　乙未(一七一五)　先生卒後四年

章大來書先生傳後曰:

　　來交先生晚;然與先生上下千百年論史傳頗悉,又熟其行事,有人未識者。先生没五年,故人長老日就凋謝,疑事無可質,嘉言懿行亦不盡表章。故以所聞見,雜次爲《傳後》。

　　或言不當爲人作傳。傳,史也。而無其職,妄矣。先生大不然。來嘗與之辨,曰:"漢《非有先生傳》,寓言也。在唐則毛穎、李赤爲戲,梓人圬者、郭橐駝爲諷,非真欲傳其人也。宋時乃有傳。"先生曰:"子獨不聞鄧宇之傳,范蔚宗固有本乎?古者太史輶軒,每采家乘;稗官紀載,實裨史戚。《龐娥》,《高士》,初非國書也,而皆爲傳。傳,可也。"

　　先生恨《舊唐書》闕漏,而《新書》躓。夫劉蕡切直,僅叨《文苑》;陽城卓異,槩居《隱逸》。思邈清高,只傳《方技》;李許奸邪,同登《無忌》。舊文乖舛,其不若《新書》遠矣。而先生曰:"寧取舊,無取新。"

　　先生嘗謂朝廷開史館,宜先正前史。去《宋》、《齊》、《梁》、《陳》、《北齊》、《魏》、《周書》,存《南》《北史》;廢《三國志》,用《季漢書》。

　　又嘗欲併《道學傳》入《儒林》,曰:"吾道一貫,文章、經術,何者非道?而宋於《儒林》外獨標《道學》。"

　　先生講學宗陽明。學問貫串羣史,尤攻勝國懷宗。末福、唐、魯、桂,禍亂頻仍,起末了了。嘗屬來網羅舊聞,獲緬瓦二十四片等目錄三十餘,購之無門,故迄無成書。

生平持論，欲復封建，行井田，改學校。

曰："封建則君民親，根本固。曾見三代時有三十萬衆困於平城者乎？有匄兵食於異國者乎？誠參制郡邑，三吴秦蜀不以封，燕齊梁晉九邊並立宗子以固維城，使人自爲戰，則守在四裔，養諸侯而兵不用。"

論井田，曰："欲復封建，先復井田；欲復井田，先興水利。議者謂中原沙土，穿渠即塞。則環城之濠，未聞有是也。且有溝洫則有封植，有封植則土厚而水定。蓄洩以度，開濬以時，何患焉？議者又謂今皆民田，奪彼與此，勢將生亂。予謂倣限田之意，令買田毋過一頃。十年之間，乘除消息，無平不陂。此天道也。"

其論學校，曰："重經術，廢時文，如試頌説可也。用徵辟，嚴保舉，罰其不稱可也。立明師，養歲貢，如經義治事分課可也。行科目，復對策，如賢良方正三試可也。"又曰："學校兼騎射，然後用之可以當大事。今西北之人不知耕，東南之人不知戰，皆危事也。"

先生嘗得閩人趙本《學陣圖》，日夜講不輟："散地無戰，輕地無止，争地無攻，交地無絶，衢地交，重地掠，圍地謀，圮地行，死城戰。"（此皆孫子語）至老猶言之娓娓。

教來《占候歌》，取二十八星，分二十四氣，辨五更，以南方午位中爲候。從前未有也。

每走四方，潛以狼牙棍自衛。門人陶金鐸覘之，以問先生。曰："往在吴淞，與梁化鳳部將管某游，偶學之，今已忘矣。"其器八面鋒棱，弓、刀、矛、戟有時鈍折而此不壞。顧用之無他巧，久而習熟，縱横不窮。

先生壯盛時，負奇氣，狀貌魁梧，兩髯蒼筤，目光睒睒如箕。走馬射生之夫，故往往近之。

壬辰過我，則曰："吾自長安（北京）掉頭，興盡矣。"飲之酒，及脣而不釂。曰："吾苦咽。"數杯輒頹然假寐，鼾齁徐發，聲如雷震。有頃即覺，歎"不料困憊至此"。

好學則老而彌篤，門人以節勞請。曰："日暮途長，安敢不力？"

厭與妻孥對。常寄居蕭寺中，草刱傳記及忠魂貞魄幽蔽泉壤而姓名不彰者，爲中夜悲哀，涕淚隨筆下。寺僧驚起。

予友人坐慘法死。書再至,趣予爲傳,曰:"何賣文以求苟活,而知己弗哭也?"

嘗言"對生友而言死友之過,不仁;見疏親而言至親之非,不智"。

爲人嚴重有威儀。望其進趨,知爲有道人也。

一冠如篛笠,數十年不易。短衣布襪,四十餘,鬚鬢皓然。

後生慕先生名,多造請,見之輒畏謝,刬刬去。顧接引不倦,與人言必本忠孝。

讀其書,想見其爲人。

先生没後,二子刻其文若干。名公碩士多傳其行事者,議論具於文。所未盡者,列於右。

(據《國朝耆獻類徵》所引)

康熙五十六年　丁酉(一七一七)　先生卒後六年

先生第三子承張應鄉試,中式。其後嘗爲陝西西鄉知縣。(據朱筠所作先生《墓表》)

乾隆三年　戊午(一七三八)　先生卒後二十七年

會稽章學誠〔實齋〕生。(據姚名達所著《章實齋年譜》)

乾隆二十年　乙亥(一七五五)　先生卒後四十四年

鄞縣全祖望卒。其《鮚埼亭文集·答諸生問思復堂集帖》曰:

近來文士大半是不知而作,如邵念魯爲是集,其意甚欲表章儒先,發揚忠孝,其意甚美。然而讀書甚少,以學究固陋之胸,率爾下筆,一往謬誤。後生或見其集而依据之,貽誤不少。當時如吳農祥之誕妄,直是欺人,念魯非其匹也。然其爲不知而作,則略同。今偶拈數條以奉答。……〔據董秉純所輯《全謝山年譜》及全祖望《鮚埼亭文集》〕(按其所批駁,凡十四條,兹不引)

乾隆三十年　乙酉（一七六五）　先生卒後五十四年

章學誠與先生族孫晉涵同客京師，輒問先生後嗣，形諸太息。時抱先生之文號於衆曰："百餘年無此作矣，世有治古文而成學者乎，不能舍先生而有他求矣！"錢大昕稱學誠爲先生後世桓譚。（忘其出處，待查）

乾隆三十二年　丁亥（一七六七）　先生卒後五十六年

先生孫先益改葬先生於餘姚九壘山，贖《思復堂文集》刻板於質庫。（據朱筠所作先生《墓表》）

乾隆三十六年　辛卯（一七七一）　先生卒後六十年

冬，邵晉涵見章學誠於太平使院，學誠又盛推先生文集，謂五百年來罕見。晉涵謙挹，學誠正色曰："班、馬、韓、歐、程、朱、陸、王，其學其文，如五金貢自九牧，各有地產，不相合也。洪鑪鼓鑄，自成一家，更無金品州界之分，談何容易？文以集名，而按其旨趣，乃在子、史之間，五百年來，誰能辦此？"因告晉涵："朱先生〔筠〕語及《思復堂文集》，欲爲表章。"晉涵因就所記憶者作先生《行狀》，請朱筠作《墓表》。翌年二月朔，朱筠作《墓表》成。（據朱筠所作先生《墓表》及其《笥河文鈔》原文後自注年月日，又據《章氏遺書·邵與桐別傳》之跋）

乾隆三十八年　癸巳（一七七三）　先生卒後六十二年

春，章學誠訪邵晉涵於餘姚。晉涵謂曰："近憶子言，熟復先念魯文，信哉！如子所言，乃知前人之書，竟不易讀，子乃早辨及此，至今未經第二人道過，即道及亦無人信也。先念魯得此身後桓譚，無憾於九原矣。"因屬學誠校定《思復堂集》，將重刻以行世，以原刻未盡善也。時全祖望《鮚埼亭集》漸傳於世，於《思復堂集》頗有排詆。學誠因言：

"全祖望通籍館閣，入窺中祕，出交名公鉅卿，聞見自宜有進。然其爲文，雖號大家，但與《思復堂集》不可同日語也。全氏修辭飾句,蕪累甚多,不如《思復堂集》醇潔氣清;若其泛濫馳驟,不免漫衍冗長,不如《思復堂集》雄健謹嚴,語無枝剩。至於數人共爲一事,全氏各爲其人傳狀碑誌,敍所共之事,複見疊出,至於再四。不知古人文集雖不如子書之篇第相承,然同在一集之中,必使前後虛實、分合之間互相趨避,乃成家法。而全氏不然,以視《思復堂集》全書止如一篇,一篇止如一句,百十萬言若可運於掌者,相去又不可以道里計矣。至於聞見有所出入,要於大體無傷,古人不甚校也。王弇州之雄才博學,實過震川,而氣體不清,不能不折服於震川之正論。今全氏之才,不能遠過弇州,而《思復堂集》高過震川數等,豈可輕相非詆?是全氏之過也?"晉涵深契其論。(據《章氏遺書‧邵與桐別傳》之跋)

乾隆六十年　乙卯(一七九五)　先生卒後八十四年

章學誠《劄記》云:

　　《全謝山文集》近始閱其詳,蓋於東南文獻及勝國遺事尤加意焉。生承諸老之後,淵源既深;通籍館閣,聞見更廣。故其所見,較念魯先生頗爲宏闊。而其文詞,不免冗蔓,語亦不甚選擇,又不免於複沓,不解文章互相詳略之法。如魯王起事,六狂生舉義始末,見於傳誌諸作,凡三四處。又所撰神道墓碑,多是擬作,而刻石見用者,十居其五,是又狃於八家選集之古文義例,以碑誌爲古文中之大著述也。——汪鈍翁〔琬〕輩,且欲以《漢書》諸傳削去論、贊,而增以韻銘,作好碑誌,同一惑矣。——乃嗤念魯先生爲迂陋,不知其文筆未足抗衡《思復堂》也。然近人修飾邊幅,全無爲文之實而競誇作者,則全氏又遠勝之矣。(據《章氏遺書‧丁卯劄記》)

嘉慶元年　丙辰(一七九六)　先生卒後八十五年

邵晉涵卒。章學誠急欲踐夙約,就其家求索《思復堂文集》藏板,不得。後二年學誠自廢,深以其事爲恨。(據《章氏遺書‧邵與桐別傳》之跋)

嘉慶六年　辛酉（一八〇一）　先生卒後九十年

阮元輯《兩浙輶軒錄》，其《補遺》卷三有先生詩二首。《山行》詩曰：
　　入山路已深，不辨出山路。隔岸有人家，一徑春煙護。隱隱雞犬聲，橋欹不能渡。流水引殘紅，漁郎幾回誤。
《居巢老人》詩曰：
　　白頭苦死依重瞳，手刃義帝投江中。西師縞素輕借力，赤龍高舉朝羣雄。亦知財物無所取，何不當時直諫羽？雲中五彩豈足論，咸陽一炬空自苦！居巢老人真大愚，玉斗撞碎夜捐軀！鴻門卮酒飲壯士，項生大度相歡娛。（據《兩浙輶軒錄序》及《補遺》）
是年，章學誠卒。先生之學中絕！（據《章實齋年譜》）

　　道光二十五年　丙子（一八一六）　先生卒後一百〇九年

唐鑑著《清儒學案小識》成，其《餘姚邵先生傳》曰：
　　先生諱廷采，字念魯。諸生。與徐景范受業於韓先生孔當，講致良知之學。著有《思復堂集》。其《學校論》二篇竟敢謂"人心之偽伏於孔、孟、程、朱之中"，是孔、孟、程、朱之言，皆足以害於人心，狂悖亦至此乎？後又謂"宋以後書，一切束且勿觀，從事於孔、顏、曾、孟之教"，蓋欲廢孔、孟，心有難安，姑且廢程、朱乎？何其肆無忌憚若此？我朝崇尚正學，朱子升堂，豈容有此橫議之人？可知致良知之流禍，不至於李卓吾不止，豈不大可懼者！竊考餘姚支派，由錢德洪傳沈國模、管宗聖、史孝咸，再傳為韓孔當、邵曾可、勞麟書，念魯傳其家學，其後莫可考焉。（據《清儒學案小識》）

　　同治四年　乙丑（一八六五）　先生卒後一百五十四年

十一月十八日，會稽李慈銘閱《思復堂集》，其《日記》曰：
　　"全謝山譏念魯為學究，頗抉摘是集之謬誤。念魯腹笥儉陿，其學問誠不足望謝山津涯，而文章峻潔，則非謝山所及。"又明日，記曰：

"念魯私淑梨洲,自任傳姚江之學。尤勤勤於殘明文獻,裒拾表章,不遺餘力。雖終身授徒鄉塾,聞見有限,讀書不多,其所紀載,不能無誤。要其服膺先賢,專心壹志,行步繩尺,文如其人,前輩典型,儼然可想。《鮚埼》以'固陋'二字概其一生,其亦過矣。至以王遂東爲不食而死,陳玄倩爲山陰產,《鮚埼》皆糾其繆。然禮部死節,越人相傳;孤竹名菴,采薇署號。揆其素志,蓋已不誣。或江上之潰,適邁寢疾,固非絕粒,不失全歸。死際其時,無待引決,首邱既正,夫亦何嫌?自不得以生日稱觸曖昧之事,妄疑降辱。太僕里籍,向無定著,《明史》以爲會稽,《齒錄》以爲仁和(據崇禎丙子同年錄),而祖居山陰,亦載於錄,正命小赭,始終其鄉。迹其生平,居杭可考者,惟與陸鯢庭相訐一事,是則《鮚埼》'杭有後人'之説,滄桑遷徙,亦未足憑。舉此二端,正不得謂記事之疏也。"(據《越縵堂日記》)

光緒十年　甲申(一八八四)　先生卒後一百七十三年

邵武徐榦得先生《東南紀事》《西南紀事》各十二卷,皆抄本。九月,序而刻之。其先,浙江巡撫馬新貽〔端愍公〕擬刻此二書,懸百金求之,不可得。(據徐榦所作《東西南紀事跋》)

徐榦所刻《東南紀事》,有唐王聿鍵及其弟聿鐭、聿鍔、魯王以海、黄道周、蔣德璟、路振飛、曾櫻、傅冠、金聲、楊廷麟、萬元吉、曹學佺、姜一洪、吴聞禮、鄭爲虹、王士和、胡上琛、蘇觀生、張國維、徐石麒、熊汝霖、孫嘉績、錢肅樂、朱大典、余煌、陳潛夫、陳函輝、張肯堂、吴鍾巒、鄭遵謙、劉穆、王之仁、王正中、于穎、吴易、王翊、王江、邵一梓、俞國望、陳天樞、王善長、章欽鄰、王毓蓍、潘集、周卜年、倪舜年、高岱、沈之泰、徐復儀、張煌言、羅綸、葉振名、黄斌卿、周崔芝、張名振、鄭芝龍、鄭成功、鄭鴻逵諸傳。又趙天麟、華夏、馮京等三人,有目無文。

《西南紀事》有桂王由桹[1]、永寧王周宗、鄖西王常湖、寧靖王術桂、何騰蛟、堵胤錫、瞿式耜、嚴起恒、陳子壯、張家玉、陳邦彦、王興、李乾德、楊展、王祥、皮熊、金堡、鄧凱、沐天波、楊畏知、李成棟、李定國、劉文秀、金

---

[1]　"桹",《清史稿》等書均作"榔"。古"桹"與"榔"字同。——編輯注。

聲桓、孫可望諸傳。

光緒十八年　壬辰（一八九二）　先生卒後一百八十一年

紹興徐友蘭刻成《紹興先正遺書》，内有《思復堂文集》十卷。卷一，陽明、蕺山、王門弟子、劉門弟子、姚江書院、明末四忠臣，各有專傳。卷二，明末諸臣傳十五篇。卷三，世傳二，學者傳四，宋、明《遺民所知傳》各一，又六篇亦傳體。卷四，《姚江書院記》二篇，自述三篇，又十篇亦記體。卷五，送人旅行序五，贈序九，壽序七。卷六，譜序二，詩文集序五，《家訓》、《師訓》、《友誼》、《易數》、《文藝》、《治平略》之序各一。卷七，書十一，啓五。卷八，《正統論》四，《學校論》二，《史論》十，又四篇亦論議體。卷九，《治平略》十二篇，《史略》七篇。卷十，《五世行略》二篇，《姚江書院訓約》一篇，《後蒙説》一篇，《閲史提要》一篇，《詩經兒課小引》一篇，《刻姚江書院志略端由》一篇，《遺命》一篇，考古之作二篇，讀史傳之作四篇，擬表一，説一，題跋二，傳二，擬傳二，傳略一，墓誌銘、壙志、墓表、墓碣之屬七。十卷之外，附録一卷，彙他人爲先生父、祖而作之傳、墓誌銘三篇，爲先生而作之序二篇、書一篇。集末一卷，彙他人爲先生而作之傳三篇、墓誌銘二篇、墓表二篇、行狀一篇（據此本目録）。徐友蘭作跋，頗得先生之真。校其書者爲蔡子民先生。

附　　錄

邵念魯與章實齋

　　近人漸有治章實齋之學者,此史學界之好消息也。然以吾淺陋,未聞有知實齋之學出於邵念魯者,故發憤而爲念魯作《年譜》。《年譜》已引實齋自述之語於《敍例》及《譜後》,足徵念魯所以影響於實齋者至深。今復不厭詳明,推究邵、章之關係,以告讀者:

　　一曰:實齋之父,極重《思復堂文集》,深愛邵念魯之爲人。實齋因是,定所趨向,終身用功於史學。(參考《章氏遺書·家書三》)

　　二曰:實齋服膺念魯"文章有關世道,不可不作;文采未極,亦不妨作"之訓,不敢無所撰著,故思想有得,即刻操筆,決不自祕,而力主言公之説。(《與邵二雲論學書》《言公》)

　　三曰:實齋景仰念魯,自愧不及,盛推其文集自成一家,有班、馬、韓、歐、程、朱、陸、王之長,而無史學、文學、哲學之別,實五百年來所罕見。故其所著述,咸欲採取英華,删除枝葉,歸入《文史通義》一書。而《文史通義》惜未及撰定而身先死,否則必成極有條理、有組織之書也,然今本《文史通義》亦已包括哲學、文學、史學三者矣。(《邵與桐別傳跋》《與胡雒君書》)

　　四曰:念魯宗主蕺山,盡除程朱、陸王之門户,中年又得李塨之切磋,其哲學愈益健實,不趨風氣。實齋固顯然與念魯取同一步調者也。其"史學所以經世"之主張,與"道即萬事萬物之所以然"之見解,吾人試細按之,可知其出於念魯與李塨。(《浙東學術·與沈楓墀論學書》)

　　五曰:念魯嘗言"文貴謹嚴雄健",其文集亦極謹嚴雄健之致;實齋極

守其律,發爲"文貴清真"之說。吾人比讀兩家之書,其文筆固有血統關係。(《與邵二雲》)

六曰:念魯所作傳記,極盡文章之能事,梁任公先生推爲中國第一(親對我說),實非諛辭。實齋謹守其法度,貫通其體裁,遂成史家名手。至今作合傳、事傳者,尚未有能超越邵、章者也。

七曰:念魯實創文化史、學術史之體例。其所爲《治平略》、《史略》,儼然文化史之雛型;《姚江書院傳》、《王門弟子傳》,則一部分的學術史也。實齋頗稟其遺意,創造種種新體例,不復拘守舊法,遂爲史學大家。

即此七點,實齋所受於念魯者,已極可驚。其餘則讀其書者可自得之,余亦懶於一一指出矣。

雖然,此言乎邵之影響及章者也。邵氏之學,固以得章而益彰,然即無章,邵之爲邵仍自若!彼其吸收力之大,組織力之強,運用力之巧,在史學上固有其地位在。吾他日作《史學史》,將詳述之。今姑不贅,惟讀者諒焉。

十七年二月二十九日,姚名達在清華研究院作。

圖書在版編目(CIP)數據

邵念魯年譜/姚名達著.—上海：復旦大學出版社，2023.2
（江南歷史名人年譜叢刊. 第一輯）
ISBN 978-7-309-16582-1

Ⅰ.①邵… Ⅱ.①姚… Ⅲ.①邵廷采(1648-1711)-年譜 Ⅳ.①K825.81

中國版本圖書館CIP數據核字(2022)第201350號

邵念魯年譜
姚名達　著
責任編輯/胡春麗

復旦大學出版社有限公司出版發行
上海市國權路579號　郵編：200433
網址：fupnet@fudanpress.com　http://www.fudanpress.com
門市零售：86-21-65102580　團體訂購：86-21-65104505
出版部電話：86-21-65642845
上海盛通時代印刷有限公司

開本 890×1240　1/32　印張3.375　字數104千
2023年2月第1版
2023年2月第1版第1次印刷

ISBN 978-7-309-16582-1/K・797
定價：50.00元

如有印裝質量問題，請向復旦大學出版社有限公司出版部調換。
版權所有　　侵權必究